드림중국어 HSK 1급 실전 모의고사

梦想中国语 HSK 1级 实战模拟考试

드림중국어 HSK 1급 실전 모의고사

梦想中国语 HSK 1 级 实战模拟考试

종이책 최신판 발행   2023 년 07 월 01 일
전자책 최신판 발행   2023 년 07 월 01 일

편저:	류환
발행처:	드림중국어
주소:	인천 서구 청라루비로 93, 7 층
전화:	032-567-6880
이멜:	5676888@naver.com
등록번호:	654-93-00416
등록일자:	2016 년 12 월 25 일
종이책 ISBN:	979-11-93243-11-4 (13720)
전자책 ISBN:	979-11-93243-12-1 (15720)
값:	38,800 원

이 책은 저작권법에 따라 보호 받는 저작물이므로 무단 복제나 사용은 금지합니다. 이 책의 내용을 이용하거나 인용하려면 반드시 저작권자 드림중국어의 서면 동의를 받아야 합니다. 잘못된 책은 교환해 드립니다.

<MP3 파일 & 시험 답안 무료 다운!>

이 책에 관련된 모든 MP3 와 시험 답안은 드림중국어 카페(http://cafe.naver.com/dream2088)를 회원 가입 후에 **<교재 MP3 무료 다운>** 에서 무료로 다운 받으실 수 있습니다.

MP3 파일 다운로드 주소: https://cafe.naver.com/dream2088/3823

시험 답안 다운로드 주소: https://cafe.naver.com/dream2088/3824

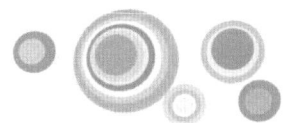

〈목 록〉

〈HSK 1급 실전 모의 고사 1〉 1

〈HSK 1급 실전 모의 고사 2〉 11

〈HSK 1급 실전 모의 고사 3〉 21

〈HSK 1급 실전 모의 고사 4〉 31

〈HSK 1급 실전 모의 고사 5〉 41

〈HSK 1급 실전 모의 고사 6〉 51

〈HSK 1급 실전 모의 고사 7〉 61

〈HSK 1급 실전 모의 고사 8〉 71

〈HSK 1급 실전 모의 고사 9〉 81

〈HSK 1급 실전 모의 고사 10〉 91

〈HSK 1급 실전 모의 고사 1〉 본문 및 해석 101

〈HSK 1급 실전 모의 고사 2〉 본문 및 해석 104

〈HSK 1급 실전 모의 고사 3〉 본문 및 해석 106

〈HSK 1급 실전 모의 고사 4〉 본문 및 해석 108

〈HSK 1급 실전 모의 고사 5〉 본문 및 해석 110

〈HSK 1급 실전 모의 고사 6〉 본문 및 해석 112

〈HSK 1급 실전 모의 고사 7〉 본문 및 해석 114

〈HSK 1급 실전 모의 고사 8〉 본문 및 해석 116

〈HSK 1급 실전 모의 고사 9〉 본문 및 해석 118

〈HSK 1급 실전 모의 고사 10〉 본문 및 해석 120

음성 파일 및 시험 답안 다운로드 **121**

드림중국어 시리즈 교재 123

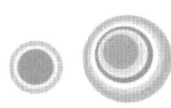
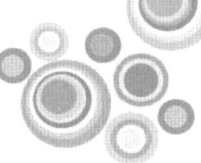

新汉语水平考试

HSK （一级）1

注　意

一、HSK （一级）分两部分：

　　1. 听力（20 题，约 15 分钟）

　　2. 阅读（20 题，共 17 分钟）

二、听力结束后，有 3 分钟填写答题卡。

三、全部考试约 40 分钟（含考生填写个人信息时间 5 分钟）。

 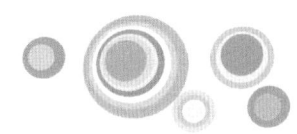

一、听力

第一部分

第 1-5 题

例如:  √

 ×

1.

2.

3.

4.

5.

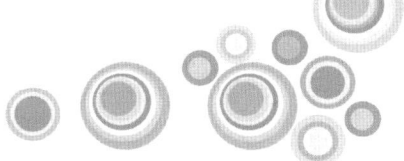

第二部分

第 6-10 题

例如:

　　　　A√　　　　　　　B　　　　　　　C

6.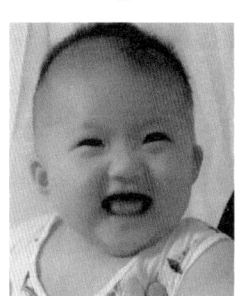

　　　　A　　　　　　　B　　　　　　　C

7.

　　　　A　　　　　　　B　　　　　　　C

8.

　　　　A　　　　　　　B　　　　　　　C

9.

　　　　A　　　　　　　B　　　　　　　C

10.

          A   B   C

第三部分

第 11-15 题

A

B

C

D

E

F

例如： 女：你好！Nǐ hǎo!
男：你好！很高兴认识你！Nǐ hǎo! Hěn gāo xìng rèn shi nǐ!   C

11. ☐

12. ☐

13. ☐

14. ☐

15. ☐

第四部分

第 16-20 题

例如：下午我去商店，我想买一些水果。

Xià wǔ wǒ qù shāng diàn, wǒ xiǎng mǎi yì xiē shuǐ guǒ.

问： 她下午去哪里？

Tā xià wǔ qù nǎ lǐ?

A 商店 shāng diàn ✓　　　B 医院 yī yuàn　　　C 学校 xué xiào

16. A 火车站 huǒ chē zhàn　　B 学校 xué xiào　　C 饭馆 fàn guǎn

17. A 我 wǒ　　　　　　　　B 爸爸 bà ba　　　C 妈妈 mā ma

18. A 看电影 kàn diàn yǐng　　B 看电脑 kàn diàn nǎo　C 看电视 kàn diàn shì

19. A 弟弟 dì di　　　　　　B 妹妹 mèi mei　　C 王小姐 wáng xiǎo jiě

20. A 苹果 píng guǒ　　　　　B 西瓜 xī guā　　　C 葡萄 pú tao

二、阅读

第一部分

第 21-25 题

例如：

　　diàn shì
　　电视　　　　×

　　fēi jī
　　飞机　　　　√

21. 　　diàn yǐng
　　电影

22. 　　shǎo
　　少

23. 　　mǐ fàn
　　米饭

24. 　　xià yǔ
　　下雨

25. 　　yī yuàn
　　医院

第二部分

第 26-30 题

A

B

C

D

E

F

| 例如： | 我很喜欢这本书。Wǒ hěn xǐ huān zhè běn shū. | E |

26. 今天怎么这么高兴？Jīn tiān zěn me zhè me gāo xìng?

27. 这是我女儿，今年两岁。Zhè shì wǒ nǚ ér, jīn nián liǎng suì.

28. 请给我一块儿蛋糕，谢谢。Qǐng gěi wǒ yí kuàir dàn gāo, xiè xie.

29. 不客气，李先生，请坐。Bú kè qi, lǐ xiān shēng, qǐng zuò.

30. 我住在那个商店的前面。Wǒ zhù zài nà ge shāng diàn de qián miàn.

第三部分

第 31-35 题

例如： Nǐ hē shuǐ ma?
你喝水吗？ **F**

A 20 kuài.
20 块。

31. Jīn tiān hǎo rè, nǐ hái yào chū qù ma?
今天好热，你还要出去吗？ ☐

B Wǒ péng you de.
我朋友的。

32. Nǐ shì shén me shí hou lái zhè lǐ de?
你是什么时候来这里的？ ☐

C Qù yùn dòng.
去运动。

33. Míng tiān nǐ yào qù gàn shén me?
明天你要去干什么？ ☐

D Bú yào le.
不要了。

34. Zhè ge bēi zi duō shǎo qián?
这个杯子多少钱？ ☐

E 30 fēn zhōng qián.
30 分钟前。

35. Zhè zhī xiǎo māo shì shuí de?
这只小猫是谁的？ ☐

F Hǎo de, xiè xie.
好的，谢谢。

第四部分

第 36-40 题

| A 不客气 (bú kè qi) | B 日 (rì) | C 不 (bù) | D 名字 (míng zi) | E 睡觉 (shuì jiào) | F 说 (shuō) |

例如：你 叫 什么 （ D ）? (Nǐ jiào shén me)

36. 你 今天 怎么 （ ）高兴 了? (Nǐ jīn tiān zěn me gāo xìng le?)

37. 今天 是 2019 年 3月 6 （ ）。(Jīn tiān shì 2019 nián 3 yuè 6)

38. 我 不 喝茶，我 想要 去 （ ） 了。(Wǒ bù hē chá, wǒ xiǎng yào qù le.)

39. 男：李 小姐，你 会 （ ）汉语 吗? (Lǐ xiǎo jiě, nǐ huì hàn yǔ ma?)

    女：不会，我 还 在 学习。(Bú huì, wǒ hái zài xué xí.)

40. 女：谢谢 你 能 来 看 我。(Xiè xie nǐ néng lái kàn wǒ.)

    男：（ ），你 现在 好 点儿 了吗? (nǐ xiàn zài hǎo diǎnr le ma?)

新汉语水平考试

HSK （一级）2

注 意

一、HSK （一级）分两部分：

　　1. 听力（20 题，约 15 分钟）

　　2. 阅读（20 题，共 17 分钟）

二、听力结束后，有 3 分钟填写答题卡。

三、全部考试约 40 分钟（含考生填写个人信息时间 5 分钟）。

 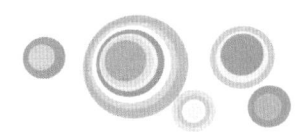

一、听力

第一部分

第 1-5 题

例如:  √

 ×

1.

2.

3.

4.

5.

第二部分

第 6-10 题

例如：

A√ B C

6.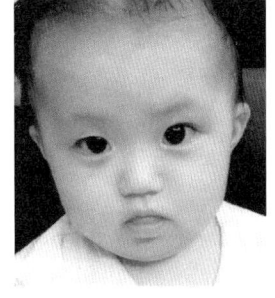

A B C

7.

A B C

8.

A B C

9.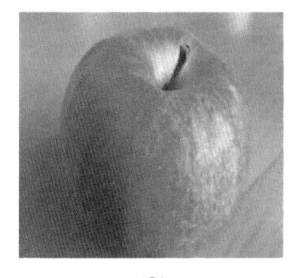

A B C

10.

　　　A　　　　　　　　B　　　　　　　　C

第三部分

第 11-15 题

A

B

C

D

E

F

例如：女：你好！Nǐ hǎo!
男：你好！很高兴认识你！Nǐ hǎo! Hěn gāo xìng rèn shi nǐ!   C

11.

12.

13.

14.

15.

第四部分

第 16-20 题

例如：下午我去商店，我想买一些水果。

    Xià wǔ wǒ qù shāng diàn, wǒ xiǎng mǎi yì xiē shuǐ guǒ.

问：她下午去哪里？

    Tā xià wǔ qù nǎ lǐ?

    A 商店　shāng diàn √　　　B 医院　yī yuàn　　　C 学校　xué xiào

16.　A 写字　xiě zì　　　B 看电视　kàn diàn shì　　　C 玩电脑　wán diàn nǎo

17.　A 王老师　wáng lǎo shī　　　B 王先生　wáng xiān sheng　　　C 李同学　lǐ tóng xué

18.　A 小狗　xiǎo gǒu　　　B 小猫　xiǎo māo　　　C 狗和猫　gǒu hé māo

19.　A 8个月　gè yuè　　　B 9个月　gè yuè　　　C 10个月　gè yuè

20.　A 上午　shàng wǔ　　　B 下午　xià wǔ　　　C 明天　míng tiān

二、阅读

第一部分

第 21-25 题

例如：

   diàn shì
电视   ×

   fēi jī
飞机   √

21.    xiān sheng
先生

22.    shuō
说

23.    xià xuě
下雪

24.    dōng xi
东西

25.    chī fàn
吃饭

第二部分

第 26-30 题

A 　　B 宁静

C 　　D

E 　　F

例如：　我很喜欢这本书。Wǒ hěn xǐ huān zhè běn shū.　　**E**

26.　我是坐飞机来的。Wǒ shì zuò fēi jī lái de.

27.　我家前面有一家商店。Wǒ jiā qián miàn yǒu yì jiā shāng diàn.

28.　这些汉字太难了，我不会写。Zhè xiē hàn zì tài nán le, wǒ bú huì xiě.

29.　我弟弟今年十岁了。Wǒ dì di jīn nián 10 suì le.

30.　我11月回来，再见。Wǒ 11 yuè huí lái, zài jiàn.

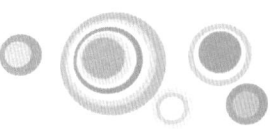

第三部分

第 31-35 题

例如： Nǐ hē shuǐ ma?
你喝水吗？   **F**   A   Míng nián.
明年。

31. Nǐ shēn tǐ hǎo xiē le ma?
你身体好些了吗？   ☐   B   Zài dǎ diàn huà ne.
在打电话呢。

32. Nǐ zǎo shàng chī de shì shén me?
你早上吃的是什么？   ☐   C   Yǐ zi xià miàn.
椅子下面。

33. Xiǎo gǒu zài nǎ lǐ?
小狗在哪里呢？   ☐   D   Hǎo duō le.
好多了。

34. Nǐ shén me shí hou lái zhōng guó?
你什么时候来中国？   ☐   E   Miàn tiáo.
面条。

35. Bà ba zài gàn shén me ne?
爸爸在干什么呢？   ☐   F   Hǎo de, xiè xie.
好的，谢谢。

19

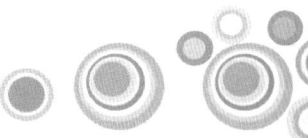

第四部分

第 36-40 题

A 在	B 和	C 上午	D 名字	E 多少	F 电视
zài	hé	shàng wǔ	míng zi	duō shǎo	diàn shì

例如：你 叫 什么 （ D ）？
　　　Nǐ jiào shén me?

36. 我（ ） 妹妹 在 北京 住了 5年 了。
　　 Wǒ　　　mèi mei　zài　běi jīng　zhù le　nián le.

37. （ ）我 去 商店 买了 一些 水果。
　　 wǒ qù shāng diàn mǎi le yì xiē shuǐ guǒ.

38. 我们 一家人 都 喜欢 看（ ）。
　　 Wǒ men yì jiā rén dōu xǐ huān kàn.

39. 男：你 这件 衣服（ ）钱？
　　 Nǐ zhè jiàn yī fu qián?
　　 女：90块。
　　　　 kuài.

40. 女：你 上午 不（ ）家 吗？
　　 Nǐ shàng wǔ bú jiā ma?
　　 男：是的，我 和 妈妈 去 火车站 了。
　　 Shì de, wǒ hé mā ma qù huǒ chē zhàn le.

新汉语水平考试

HSK（一级）3

注　意

一、HSK（一级）分两部分：

1. 听力（20题，约15分钟）

2. 阅读（20题，共17分钟）

二、听力结束后，有3分钟填写答题卡。

三、全部考试约40分钟（含考生填写个人信息时间5分钟）。

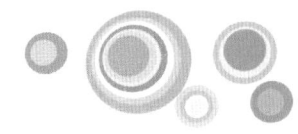

一、听力

第一部分

第 1-5 题

例如:

√

×

1.

2.

3.

4.

5.

第二部分

第 6-10 题

例如:

A√

B

C

6.

A

B

C

7.

A

B

C

8.

A

B

C

9.

A B C

10.

        A   B   C

第三部分

第 11-15 题

A

B

C

D

E

F

例如：女：你好！Nǐ hǎo!
男：你好！很高兴认识你！Nǐ hǎo! Hěn gāo xìng rèn shi nǐ!   C

11.

12.

13.

14.

15.

 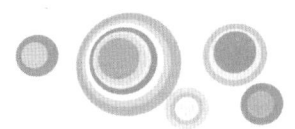

第四部分

第 16-20 题

例如：下午我去商店，我想买一些水果。

Xià wǔ wǒ qù shāng diàn, wǒ xiǎng mǎi yì xiē shuǐ guǒ.

问：她下午去哪里？

Tā xià wǔ qù nǎ lǐ?

| | A 商店 shāng diàn √ | B 医院 yī yuàn | C 学校 xué xiào |

16. A 明天 míng tiān   B 今天 jīn tiān   C 昨天 zuó tiān

17. A 5块钱 5 kuài qián   B 10块钱 10 kuài qián   C 不要钱 bú yào qián

18. A 星期六 xīng qī liù   B 星期日 xīng qī rì   C 星期一 xīng qī yī

19. A 猫 māo   B 狗 gǒu   C 狗和猫 gǒu hé māo

20. A 学校 xué xiào   B 家 jiā   C 医院 yī yuàn

二、阅读

第一部分

第 21-25 题

   diàn shì
   电视   ×

例如：

   fēi jī
   飞机   √

21.    shāng diàn
   商店

22.    hàn yǔ
   汉语

23.    xiǎo jiě
   小姐

24.    cài
   菜

25.    lěng
   冷

第二部分

第 26-30 题

A

B

C

D

E

F

例如：	我很喜欢这本书。Wǒ hěn xǐ huān zhè běn shū.	E
26.	她正在和朋友打电话呢。Tā zhèng zài hé péng yǒu dǎ diàn huà ne.	
27.	我在饭馆吃饭呢。Wǒ zài fàn guǎn chī fàn ne.	
28.	妈妈，我不喜欢吃这个菜。Mā ma, wǒ bù xǐ huān chī zhè gè cài.	
29.	我能吃一块面包吗？Wǒ néng chī yí kuài miàn bāo ma?	
30.	怎么样？漂亮吗？Zěn me yàng? Piào liang ma?	

第三部分

第 31-35 题

例如： Nǐ hē shuǐ ma?
你喝水吗？ [F] A Xià wǔ 5 diǎn.
下午5点。

31. Nǐ jiā yǒu jǐ gè rén
你家有几个人？ [ ] B 4 gè rén.
4个人。

32. Zhè huā shì bú shì hěn piào liang?
这花是不是很漂亮？ [ ] C Shì de.
是的。

33. Nà gà nǚ hái shì shuí ya?
那个女孩是谁呀？ [ ] D Jiào shì.
教室。

34. Lǎo shī xiàn zài zài nǎ lǐ ne?
老师现在在哪里呢？ [ ] E Bú rèn shi.
不认识。

35. Mā ma shén me shí hou huí lái?
妈妈什么时候回来？ [ ] F Hǎo de, xiè xie.
好的，谢谢。

第四部分

第 36-40 题

| A 字 (zì) | B 先生 (xiān sheng) | C 分钟 (fēn zhōng) | D 名字 (míng zi) | E 学校 (xué xiào) | F 下雨 (xià yǔ) |

例如：你 叫 什么 （ D ）？
Nǐ jiào shén me

36. 喂，我 15（　）后 回去。
    Wéi, wǒ 15 hòu huí qù.

37. 没关系，你 哪个（　）不 认识？
    Méi guān xi, nǐ nǎ gè bú rèn shi?

38. （　）天 还有 这么多 人！
    tiān hái yǒu zhè me duō rén!

39. 男：你（　）是 做 什么 的？
    Nǐ shì zuò shén me de?
    女：他 是 一名 小学 老师。
    Tā shì yì míng xiǎo xué lǎo shī.

40. 女：你 上午 去 哪里 了，我 怎么 没 看见 你？
    Nǐ shàng wǔ qù nǎ lǐ le, wǒ zěn me méi kàn jiàn nǐ?
    男：我 去（　）了。
    Wǒ qù le.

梦想中国语 模拟考试

新汉语水平考试

HSK（一级）4

注　意

一、HSK（一级）分两部分：

1. 听力（20题，约15分钟）

2. 阅读（20题，共17分钟）

二、听力结束后，有3分钟填写答题卡。

三、全部考试约40分钟（含考生填写个人信息时间5分钟）。

 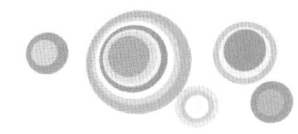

一、听力

第一部分

第 1-5 题

例如:  √

 ×

1.

2.

3.

4.

5.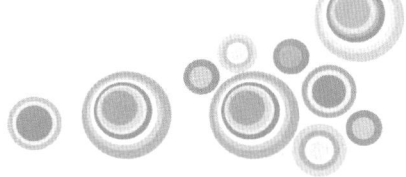

第二部分

第 6-10 题

例如：

A√ B C

6.

A B C

7.

A B C

8.

A B C

9.

A B C

10.

　　　　A　　　　　　　　　B　　　　　　　　C

第三部分

第 11-15 题

A

B

C

D

E

F

例如：
女：你好！Nǐ hǎo!
男：你好！很高兴认识你！Nǐ hǎo! Hěn gāo xìng rèn shi nǐ!   C

11.

12.

13.

14.

15.

第四部分

第 16-20 题

例如：下午我去商店，我想买一些水果。

Xià wǔ wǒ qù shāng diàn, wǒ xiǎng mǎi yì xiē shuǐ guǒ.

问：她下午去哪里？

Tā xià wǔ qù nǎ lǐ?

A 商店 shāng diàn √   B 医院 yī yuàn   C 学校 xué xiào

16. A 16岁 suì   B 20岁 suì   C 12岁 suì

17. A 书 shū   B 电脑 diàn nǎo   C 杯子 bēi zi

18. A 5   B 20   C 50

19. A 很漂亮 hěn piào liang   B 话不多 huà bù duō   C 不好看 bù hǎo kàn

20. A 我的 wǒ de   B 妈妈的 mā ma de C 朋友的 péng you de

二、阅读

第一部分

第 21-25 题

例如：

diàn shì
电视　　　　×

fēi jī
飞机　　　　√

21.
fàn guǎn
饭馆

22.
píng guǒ
苹果

23.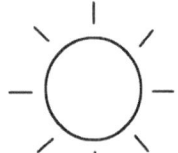
yuè liang
月亮

24.
zhōng guó
中国

25.
wǒ men
我们

第二部分

第 26-30 题

A  B

C  D

E  F 語

例如： 我很喜欢这本书。Wǒ hěn xǐ huān zhè běn shū.   **E**

26. 天气太热了，多喝点儿水吧。Tiān qì tài rè le, duō hē diǎnr shuǐ ba.

27. 刘老师在打电话呢。Liú lǎo shī zài dǎ diàn huà ne.

28. 这些衣服都是我妹妹的。Zhè xiē yī fu dōu shì wǒ mèi mei de.

29. 我会写汉字，你呢？Wǒ huì xiě hàn zì, nǐ ne?

30. 我姐姐是大学生。Wǒ jiě jie shì dà xué shēng.

第三部分

第 31-35 题

例如： Nǐ hē shuǐ ma?
你喝水吗？　　　　　　**F**　　A　Kāi chē.
开车。

31. Nǐ ér zi gōng zuò le ma?
你儿子工作了吗？　　　☐　　B　Zhōng guó cài.
中国菜。

32. Nǐ men yào qù nǎ lǐ?
你们要去哪里？　　　　☐　　C　60 suì.
60岁。

33. Nǐ nǎi nai jīn nián duō shǎo suì le?
你奶奶今年多少岁了？　☐　　D　Méi yǒu.
没有。

34. Nǐ xiǎng yào chī shén me?
你想要吃什么？　　　　☐　　E　Yī yuàn.
医院。

35. Bà ba zěn me qù gōng sī?
爸爸怎么去公司？　　　☐　　F　Hǎo de, xiè xie.
好的，谢谢。

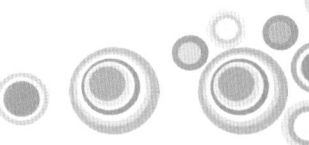

第四部分

第 36-40 题

	hàn yǔ		xiè xie		dú		míng zi		chá		diàn nǎo
A	汉语	B	谢谢	C	读	D	名字	E	茶	F	电脑

例如：
Nǐ jiào shén me
你 叫 什么 （ D ）？

36. Tā jīn nián suì, zài zhōng guó xué xí
他 今年 18岁，在 中国 学习（ ）。

37. Zhè xiē shū dōu hěn hǎo, nǐ xiǎng nǎ běn?
这些 书 都 很好，你 想（ ）哪本？

38. Nǎi nai měi tiān zǎo shàng dōu yào hē
奶奶 每天 早上 都 要 喝（ ）。

39. 男：Nǐ míng tiān hé shuí qù mǎi
你 明天 和 谁 去 买（ ）？
女：Wǒ hé bà ba yì qǐ qù.
我 和 爸爸 一起 去。

40. 女：Nǐ yào hē shuǐ ma?
你 要 喝水 吗？
男：Hǎo de,
好的，（ ）。

新汉语水平考试

HSK（一级）5

注　意

一、HSK（一级）分两部分：

1. 听力（20 题，约 15 分钟）

2. 阅读（20 题，共 17 分钟）

二、听力结束后，有 3 分钟填写答题卡。

三、全部考试约 40 分钟（含考生填写个人信息时间 5 分钟）。

一、听力

第一部分

第 1-5 题

例如:  √

 ×

1.

2.

3.

4.

5.

第二部分

第 6-10 题

例如：

A√　　　　　　　　B　　　　　　　　C

6.

A　　　　　　　　B　　　　　　　　C

7.

A　　　　　　　　B　　　　　　　　C

8.

A　　　　　　　　B　　　　　　　　C

9.

A　　　　　　　　B　　　　　　　　C

10.

　　　A　　　　　　　　B　　　　　　　　C

第三部分

第 11-15 题

A

B

C

D

E

F

例如：女：你好！Nǐ hǎo!
男：你好！很高兴认识你！Nǐ hǎo! Hěn gāo xìng rèn shi nǐ!   C

11.

12.

13.

14.

15.

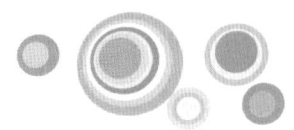

第四部分

第 16-20 题

例如：下午我去商店，我想买一些水果。

    Xià wǔ wǒ qù shāng diàn, wǒ xiǎng mǎi yì xiē shuǐ guǒ.

问：她下午去哪里？

    Tā xià wǔ qù nǎ lǐ?

    A 商店 shāng diàn ✓   B 医院 yī yuàn   C 学校 xué xiào

16. A 英语 yīng yǔ   B 汉语 hàn yǔ   C 韩语 hán yǔ

17. A 睡觉 shuì jiào   B 玩 wán   C 看电视 kàn diàn shì

18. A 水 shuǐ   B 茶 chá   C 可乐 kě lè

19. A 10点 diǎn   B 12点 diǎn   C 14点 diǎn

20. A 韩国人 hán guó rén   B 日本人 rì běn rén   C 中国人 zhōng guó rén

二、阅读

第一部分

第 21-25 题

例如：

　　diàn shì
　　电视　　　　×

　　fēi jī
　　飞机　　　　√

21. 　　péng you
　　朋友

22. 　　xià
　　下

23. 　　méi guān xi
　　没关系

24. 　　tā
　　她

25. 　　kàn shū
　　看书

第二部分

第 26-30 题

A

B

C

D

E

F

例如： 我很喜欢这本书。Wǒ hěn xǐ huān zhè běn shū.   **E**

26. 你能看见我吗？Nǐ néng kàn jiàn wǒ ma？

27. 谁做了这么多菜啊！Shuí zuò le zhè me duō cài！

28. 你怎么了，医生说什么了？Nǐ zěn me le? Yī shēng zěn me shuō?

29. 不客气，王先生，请坐。Bú kè qi, wáng xiān sheng, qǐng zuò.

30. 我看见你的书在小丽那儿。Wǒ kàn jiàn nǐ de shū zài xiǎo lì nàr.

第三部分

第 31-35 题

例如： Nǐ hē shuǐ ma?
你喝水吗？   **F**   A   9 yuè.
9月。

31. Běi jīng de tiān qì zěn me yàng?
北京的天气怎么样？   ☐   B   Hǎo de, yì qǐ qù ya.
好的，一起去呀。

32. Nǐ men zěn me qù nà lǐ?
你们怎么去那里？   ☐   C   Zhè ge.
这个。

33. Nǎ gè shì nǐ de mèi mei?
哪个是你的妹妹？   ☐   D   Xià xuě le.
下雪了。

34. Nǐ shēng rì zài jǐ yuè fèn?
你生日在几月份？   ☐   E   Zuò chū zū chē.
坐出租车。

35. Wǒ men yì qǐ qù kàn diàn yǐng ba?
我们一起去看电影吧？   ☐   F   Hǎo de, xiè xie.
好的，谢谢。

第四部分

第 36-40 题

	shū diàn	jiā	hòu	míng zi	fēi jī	hěn
	A 书店	B 家	C 后	D 名字	E 飞机	F 很

例如：Nǐ jiào shén me
你 叫 什么 （ D ）？

36. tiān yé ye cóng běi jīng huí lái.
5天（ ），爷爷 从 北京 回来。

37. Tā jīn tiān chuān de piào liang.
她 今天 穿 得 （ ）漂亮。

38. de qián miàn shì wǒ jiā.
（ ）的 前面 是 我家。

39. 男：Nǐ yào qù nǎ lǐ chī fàn?
你 要 去 哪里 吃饭？

女：Wǒ huí chī fàn. Mā ma yǐ jīng zuò hǎo fàn le.
我 回（ ）吃饭。妈妈 已经 做好 饭了。

40. 女：Nǐ zěn me qù zhōng guó ya?
你 怎么 去 中国 呀？

男：Wǒ zuò qù.
我 坐（ ）去。

新汉语水平考试

HSK（一级）6

注 意

一、HSK（一级）分两部分：

1. 听力（20题，约15分钟）

2. 阅读（20题，共17分钟）

二、听力结束后，有3分钟填写答题卡。

三、全部考试约40分钟（含考生填写个人信息时间5分钟）。

一、听力

第一部分

第 1-5 题

例如:  √

 ×

1.

2.

3.

4.

5.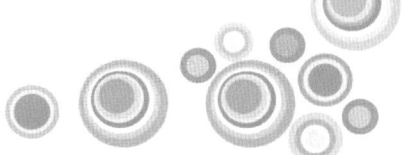

第二部分

第 6-10 题

例如：

A√　　　　　　　B　　　　　　　C

6.

　　　A　　　　　　　B　　　　　　　C

7.

　　　A　　　　　　　B　　　　　　　C

8.

　　　A　　　　　　　B　　　　　　　C

9.

　　　A　　　　　　　B　　　　　　　C

10.

            A   B   C

第三部分

第 11-15 题

A

B

C

D

E

F

例如： 女：你好！Nǐ hǎo!

男：你好！很高兴认识你！Nǐ hǎo! Hěn gāo xìng rèn shi nǐ!   C

11.

12.

13.

14.

15.

第四部分

第 16-20 题

例如：下午我去商店，我想买一些水果。

    Xià wǔ wǒ qù shāng diàn, wǒ xiǎng mǎi yì xiē shuǐ guǒ.

问：她下午去哪里？

    Tā xià wǔ qù nǎ lǐ?

    A 商店 shāng diàn √   B 医院 yī yuàn   C 学校 xué xiào

16.   A 11月 yuè   B 11个月 gè yuè   C 12月 yuè

17.   A 老师 lǎo shī   B 医生 yī shēng   C 学生 xué shēng

18.   A 星期五 xīng qī wǔ   B 星期六 xīng qī liù   C 星期日 xīng qī rì

19.   A 不漂亮 bú piào liang   B 很漂亮 hěn piào liang   C 不好 bù hǎo

20.   A 下雨 xià yǔ   B 很好 hěn hǎo   C 下雪 xià xuě

二、阅读

第一部分

第 21-25 题

例如：  diàn shì 电视 ×

 fēi jī 飞机 √

21.  jiā 家

22.  gōng zuò 工作

23.  xīng qī yī 星期一

24.  běi jīng 北京

25.  piào liang 漂亮

第二部分

第 26-30 题

A

B

C

D

E

F

例如：我很喜欢这本书。Wǒ hěn xǐ huan zhè běn shū.　　　E

26. 我在饭馆儿呢，你几点能来？Wǒ zài fàn guǎnr ne, nǐ jǐ diǎn néng lái?

27. 我儿子喜欢在家学习。Wǒ ér zi xǐ huān zài jiā xué xí.

28. 我给你介绍一下，这是我的朋友李明。Wǒ gěi nǐ jiè shào yí xià, zhè shì wǒ de péng you Lǐ Míng.

29. 你好，认识你很高兴。Nǐ hǎo, rèn shí nǐ hěn gāo xìng.

30. 我现在不是学生，我开始工作了。Wǒ xiàn zài bú shì xué shēng, wǒ kāi shǐ gōng zuò le.

第三部分

第 31-35 题

例如： Nǐ hē shuǐ ma?
你喝水吗？ — **F**

A. Shàng hǎi. 上海。

31. Xiè xie nǐ bǎ zhè běn shū sòng gěi wǒ.
谢谢你把这本书送给我。 — ☐

B. Bái bái 拜拜。

32. Nǐ kàn jiàn wǒ de mèi mei le ma?
你看见我的妹妹了吗？ — ☐

C. Méi. 没。

33. Nǐ xià gè yuè yào qù nǎ lǐ?
你下个月要去哪里？ — ☐

D. Tài xiǎo le. 太小了。

34. Zhè jiàn yī fu zěn me yàng?
这件衣服怎么样？ — ☐

E. Bú yòng xiè. 不用谢。

35. Bái bái xīng qī yī jiàn.
拜拜，星期一见。 — ☐

F. Hǎo de xiè xie. 好的，谢谢。

第四部分

第 36-40 题

	chē	zhè lǐ	zǎo shàng	míng zi	yī shēng	fàn
	A 车	B 这里	C 早上	D 名字	E 医生	F 饭

例如： Nǐ   jiào   shén me
你 叫   什么 （ D ）？

36. Wǒ tīng mā ma shuō tā ér zi shì
    我 听 妈妈 说 他儿子 是（   ）。

37. Nǐ hǎo, qǐng zài   xiě nǐ de míng zi.
    你好， 请 在（   ）写 你的 名字。

38. Wáng tóng xué xué huì kāi   le.
    王 同学 学会 开（   ）了。

39. 男：Nǐ shén me shí hou lái de?
    你 什么 时候 来的？

    女：Wǒ   jiù lái le.
    我 （   ）就 来了。

40. 女：Mā ma zài jiā lǐ gàn shén me ne?
    妈妈 在 家里 干什么 呢？

    男：Zài xǐ cài zuò   ne.
    在 洗菜 做（   ）呢。

新汉语水平考试

HSK（一级）7

注　意

一、HSK（一级）分两部分：

1. 听力（20 题，约 15 分钟）

2. 阅读（20 题，共 17 分钟）

二、听力结束后，有 3 分钟填写答题卡。

三、全部考试约 40 分钟（含考生填写个人信息时间 5 分钟）。

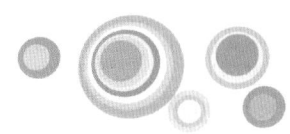

一、听力

第一部分

第 1-5 题

例如:  √

×

1.

2.

3.

4.

5.

第二部分

第 6-10 题

例如:

A√　　　　　　　B　　　　　　　C

6.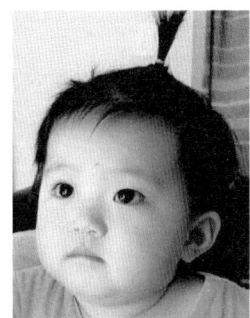

A　　　　　　　B　　　　　　　C

7.

A　　　　　　　B　　　　　　　C

8.

A　　　　　　　B　　　　　　　C

9.

A　　　　　　　B　　　　　　　C

10.

       A   B   C

第三部分

第 11-15 题

A

B

C

D

E

F

例如：女：你好！Nǐ hǎo!

男：你好！很高兴认识你！Nǐ hǎo! Hěn gāo xìng rèn shi nǐ!   C

11.

12.

13.

14.

15.

第四部分

第 16-20 题

例如：下午我去商店，我想买一些水果。

Xià wǔ wǒ qù shāng diàn, wǒ xiǎng mǎi yì xiē shuǐ guǒ.

问：她下午去哪里？

Tā xià wǔ qù nǎ lǐ?

| | A 商店 shāng diàn √ | B 医院 yī yuàn | C 学校 xué xiào |

16. A 746593   B 746539   C 745639

17. A 2点 diǎn   B 9点 diǎn   C 6点 diǎn

18. A 火车站 huǒ chē zhàn   B 学校 xué xiào   C 饭馆 fàn guǎn

19. A 小学 xiǎo xué   B 中学 zhōng xué C 大学 dà xué

20. A 爸爸 bà ba   B 老师 lǎo shī   C 医生 yī shēng

二、阅读

第一部分

第 21-25 题

例如：

　　diàn shì
　　电视　　　　×

　　fēi jī
　　飞机　　　　√

21.　　　bā
　　八

22.　　　rì
　　日

23.　　　kāi mén
　　开门

24.　　　kuài qián
　　5 块 钱

25.　　　shuǐ guǒ
　　水果

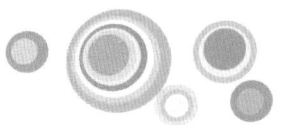

第二部分

第 26-30 题

A		B	
C		D	
E		F	

例如： 我很喜欢这本书。Wǒ hěn xǐ huān zhè běn shū.　　　　E

26. 小明，这是我的妈妈。Xiǎo míng, zhè shì wǒ de mā ma.

27. 我今天见朋友了。Wǒ jīn tiān jiàn péng you le.

28. 做好了，叫爸爸来吃饭。Zuò hǎo le, jiào bà ba lái chī fàn.

29. 医生说要多休息。Yī shēng shuō yào duō xiū xi.

30. 对不起，我想去睡觉了。Duì bu qǐ, wǒ xiǎng qù shuì jiào le.

第三部分

第 31-35 题

例如: Nǐ hē shuǐ ma?
你喝水吗？ **F**

A　50 kuài.
　　50 块。

31. Nǐ shén me shí hou mǎi de shuǐ guǒ?
你什么时候买的水果？ ☐

B　diǎn.
　　10 点.

32. Nǐ de shū zài nǎ lǐ?
你的书在哪里？ ☐

C　Fáng jiān lǐ.
　　房间里。

33. Yé ye měi tiān xià wǔ dōu yào gàn shén me?
爷爷每天下午都要干什么？ ☐

D　Zuó tiān shàng wǔ.
　　昨天上午。

34. Xiàn zài jǐ diǎn le?
现在几点了？ ☐

E　Hē chá.
　　喝茶。

35. Zhè jiàn yī fu duō shǎo qián?
这件衣服多少钱？ ☐

F　Hǎo de, xiè xie.
　　好的，谢谢。

第四部分

第 36-40 题

	xiǎng	xiě	qián	míng zi	tīng	shuí
A	想	B 写	C 前	D 名字	E 听	F 谁

　　　　　　Nǐ　jiào　　shén me
例如：你　叫　　什么　（ D ）？

　　　　Nǐ　huì　　　hàn zì　ma, tīng shuō　hěn　　nán?
36. 你 会（ 　 ）汉字 吗，听说 　很　 难？

　　　　gè xiǎo shí　　　　wǒ　qù le　yī yuàn.
37. 2个小时 （ 　 ），我 去了 医院。

　　　　Duì bu qǐ, wǒ　méi yǒu　　jiàn.
38. 对不起，我 　没有（ 　 ）见。

　　　　　Nà zhī　xiǎo gǒu　　shì　　de ya?
　男：那只　小狗　是（ 　 ）的呀？
39.
　　　　　Wǒ　tóng xué de.
　女：我 同学的。

　　　　　Jǐ tiān　méi jiàn,　nǐ　yǒu méi yǒu　　　wǒ?
　女：几天 没见，你 有没有 （ 　 ）我？
40.
　　　　　Yǒu, hěn　xiǎng nǐ.
　男：有， 很 想你。

梦想中国语 模拟考试

新汉语水平考试

HSK （一级） 8

注　意

一、HSK（一级）分两部分：

　　1. 听力（20 题，约 15 分钟）

　　2. 阅读（20 题，共 17 分钟）

二、听力结束后，有 3 分钟填写答题卡。

三、全部考试约 40 分钟（含考生填写个人信息时间 5 分钟）。

一、听力

第一部分

第 1-5 题

例如:  √

×

1.

2.

3.

4.

5.

第二部分

第 6-10 题

例如:

A√　　　　　　　B　　　　　　　C

6.

A　　　　　　　B　　　　　　　C

7.

A　　　　　　　B　　　　　　　C

8.

A　　　　　　　B　　　　　　　C

9.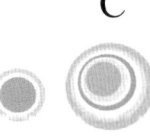

A　　　　　　　B　　　　　　　C

10.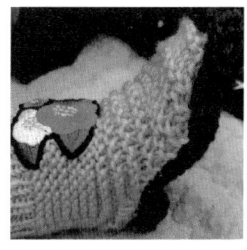

　　　　A　　　　　　　　B　　　　　　　　C

第三部分

第 11-15 题

A

B

C

D

E

F

例如：女：你好！Nǐ hǎo!

男：你好！很高兴认识你！Nǐ hǎo! Hěn gāo xìng rèn shi nǐ!   C

11.

12.

13.

14.

15.

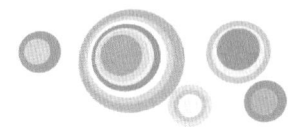

第四部分

第 16-20 题

例如：下午我去商店，我想买一些水果。

　　Xià wǔ wǒ qù shāng diàn, wǒ xiǎng mǎi yì xiē shuǐ guǒ.

问：她下午去哪里？

　　Tā xià wǔ qù nǎ lǐ?

	A 商店 shāng diàn √	B 医院 yī yuàn	C 学校 xué xiào
16.	A 书 shū	B 衣服 yī fu	C 电脑 diàn nǎo
17.	A 很好 hěn hǎo	B 不会写 bú huì xiě	C 不会读 bú huì dú
18.	A 饭馆儿 fàn guǎnr	B 学校 xué xiào	C 火车站 huǒ chē zhàn
19.	A 北京 běi jīng	B 上海 shàng hǎi	C 首尔 shǒu ěr
20.	A 老师 lǎo shī	B 学生 xué shēng	C 医生 yī shēng

二、阅读

第一部分

第 21-25 题

例如：    diàn shì
电视   ×

   fēi jī
飞机   √

21.    rén
人

22.    zhōng guó cài
中国菜

23.    chá bēi
茶杯

24.    xué xiào
学校

25.    suì
10岁

第二部分

第 26-30 题

A

B

C

D

E

F

例如： 我很喜欢这本书。Wǒ hěn xǐ huān zhè běn shū.   **E**

26. 我6月去中国工作。Wǒ 6 yuè qù zhōng guó gōng zuò.

27. 商店里有很多水果。Shāng diàn lǐ yǒu hěn duō shuí guǒ.

28. 我儿子爱看电视。Wǒ ér zi ài kàn diàn shì.

29. 现在是上午10点。Xiàn zài shì shàng wǔ 10 diǎn.

30. 前面那辆车是我的。Qián miàn nà liàng chē shì wǒ de.

第三部分

第 31-35 题

例如： Nǐ hē shuǐ ma?
你喝水吗？   **F**   A Xīng qī yī.
星期一。

31. Jiě jie huì zuò fàn ma?
姐姐会做饭吗？   ☐   B Zuò fēi jī.
坐飞机。

32. Nǐ zuì xǐ huān chī shén me shuǐ guǒ?
你最喜欢吃什么水果？   ☐   C Nà ge.
那个。

33. Jīn tiān xīng qī jǐ?
今天星期几？   ☐   D Píng guǒ.
苹果。

34. Zhè xie bēi zi, nǐ zuì xǐ huān nǎ yí gè?
这些杯子，你喜欢哪一个？   ☐   E Bú huì.
不会。

35. Nǐ zěn me qù běi jīng?
你怎么去北京？   ☐   F Hǎo de, xiè xie.
好的，谢谢。

第四部分

第 36-40 题

A 衣服　　B 电影　　C 少　　D 名字　　E 小　　F 怎么

例如：你 叫 什么 （ D ）？

36. 这个 椅子 太（ ）了！

37. 你 吃得 太（ ）了，多 吃点。

38. 我 和 妈妈 上午 去 买了（ ）。

39. 男：谢谢 你 请我 看（ ）。
　　女：不客气。

40. 女：我们 要（ ）去 那儿 呀？
　　男：坐 公交车 吧。

新汉语水平考试

HSK （一级）9

注 意

一、HSK （一级）分两部分：

1. 听力（20 题，约 15 分钟）

2. 阅读（20 题，共 17 分钟）

二、听力结束后，有 3 分钟填写答题卡。

三、全部考试约 40 分钟（含考生填写个人信息时间 5 分钟）。

 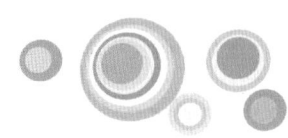

一、听力

第一部分

第 1-5 题

例如:  √

 ×

1.

2.

3.

4.

5.

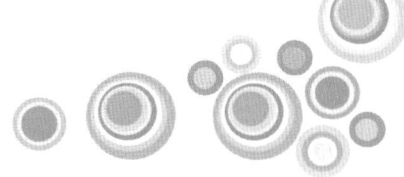

梦想中国语 模拟考试

第二部分

第 6-10 题

例如：

A√　　　　　　　B　　　　　　　C

6.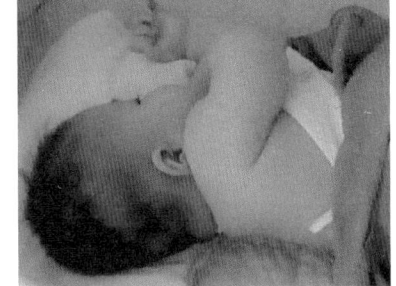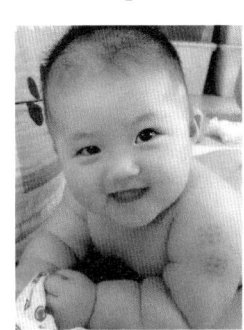

A　　　　　　　B　　　　　　　C

7.

A　　　　　　　B　　　　　　　C

8.

A　　　　　　　B　　　　　　　C

9.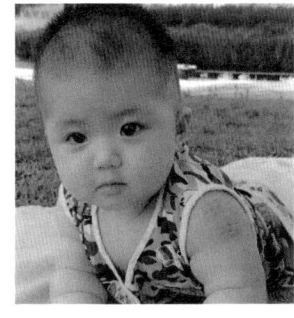

A　　　　　　　B　　　　　　　C

10.         

          A   B   C

第三部分

第 11-15 题

A

B

C

D

E

F

例如：女：你好！Nǐ hǎo!

男：你好！很高兴认识你！Nǐ hǎo! Hěn gāo xìng rèn shi nǐ!

C

11.

12.

13.

14.

15.

第四部分

第 16-20 题

例如：下午我去商店，我想买一些水果。

Xià wǔ wǒ qù shāng diàn, wǒ xiǎng mǎi yì xiē shuǐ guǒ.

问：她下午去哪里？

Tā xià wǔ qù nǎ lǐ?

A 商店 shāng diàn √   B 医院 yī yuàn   C 学校 xué xiào

16. A 衣服 yī fu   B 水果 shuǐ guǒ   C 书 shū

17. A 明天 míng tiān   B 今天 jīn tiān   C 昨天 zuó tiān

18. A 5块钱 5 kuài qián   B 3块钱 3 kuài qián   C 0块钱 0 kuài qián

19. A 我家 wǒ jiā   B 奶奶家 Nǎi nai jiā   C 姐姐家 jiě jie jiā

20. A 太大了 tài dà le   B 太小了 tài xiǎo le   C 不大 bú dà

二、阅读

第一部分

第 21-25 题

例如：

diàn shì
电视　　　　　×

fēi jī
飞机　　　　　√

21.

xuě rén
雪人

22.

yī yuè
一月

23.

mǎi dōng xi
买东西

24.

nǚ ér
女儿

25.

yì běn shū
一本书

第二部分

第 26-30 题

A		B	
C		D	
E		F	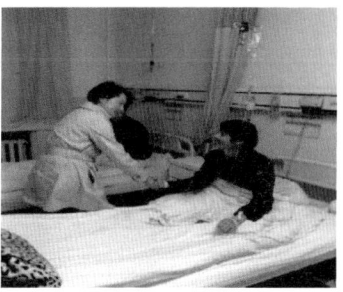

例如：我很喜欢这本书。Wǒ hěn xǐ huān zhè běn shū.　　　　　**E**

26. 这些水果都是我买的。Zhè xiē shuǐ guǒ shì wǒ mǎi de.

27. 不客气，你好点儿了吗？Bú kè qi, nǐ hǎo diǎnr le ma?

28. 我男朋友喜欢星期五去看电影。Wǒ nán péng you xǐ huān xīng qī wǔ qù kàn diàn yǐng.

29. 妈妈在家看电视呢。Mā ma zài jiā kàn diàn shì ne.

30. 我坐出租车去公司。Wǒ zuò chū zū chē qù gōng sī.

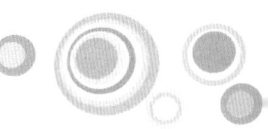

第三部分

第 31-35 题

例如： Nǐ hē shuǐ ma?
你喝水吗？   **F**   A Yé ye.
爷爷。

31. Nǐ xǐ huān chī māma zuò de shén me cài?
你喜欢吃妈妈做的什么菜？   ☐   B Běi jīng.
北京。

32. Nǐ yǒu jǐ gè mèi mei?
你有几个妹妹？   ☐   C Lǎo shī.
老师。

33. Bà ba de bà ba shì shuí?
爸爸的爸爸是谁？   ☐   D Dōu xǐ huān.
都喜欢。

34. Tā shì zuò shén me gōng zuò de?
他是做什么工作的？   ☐   E Yí gè.
一个。

35. Nǐ de xué xiào zài nǎ lǐ?
你的学校在哪里？   ☐   F Hǎo de, xiè xie.
好的，谢谢。

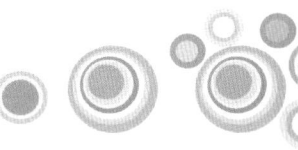

第四部分

第 36-40 题

xué xí	gè	huǒ chē zhàn	míng zi	shū	xué shēng
A 学习	B 个	C 火车站	D 名字	E 书	F 学生

例如：你 叫 什么 （ D ）？
　　　Nǐ　jiào　shén me

36. 北京（　）的 人 实在 太 多 了！
　　Běi jīng　　de rén shí zài tài duō le!

37. 你 有没有 看见 我的（　）？
　　Nǐ yǒu méi yǒu kàn jiàn wǒ de

38. 我 下午 得 要 去 学校（　）了。
　　Wǒ xià wǔ děi yào qù xué xiào　　le.

39. 男：你 几（　）月 没有 回家 了？
　　　Nǐ jǐ　　yuè méi yǒu huí jiā le?
　　女：我 5月份 来的，现在 12月 了。
　　　Wǒ yuè fèn lái de, xiàn zài yuè le.

40. 女：你 是 一名 老师 吗？
　　　Nǐ shì yì míng lǎo shī ma?
　　男：是的，我 有 50个（　）。
　　　Shì de wǒ yǒu ge

梦想中国语 模拟考试

新汉语水平考试

HSK（一级）10

注　意

一、HSK（一级）分两部分：

  1. 听力（20 题，约 15 分钟）

  2. 阅读（20 题，共 17 分钟）

二、听力结束后，有 3 分钟填写答题卡。

三、全部考试约 40 分钟（含考生填写个人信息时间 5 分钟）。

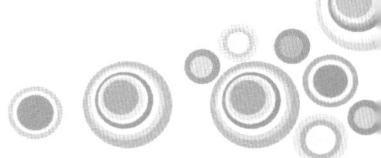

一、听力

第一部分

第 1-5 题

例如：  √

×

1.

2.

3.

4.

5.

第二部分

第 6-10 题

例如：

A√ B C

6.

A B C

7.

A B C

8.

A B C

9.

A B C

10.

       A   B   C

第三部分

第 11-15 题

A

B

C

D

E

F

例如：女：你好！Nǐ hǎo!
男：你好！很高兴认识你！Nǐ hǎo! Hěn gāo xìng rèn shi nǐ!

C

11.

12.

13.

14.

15.

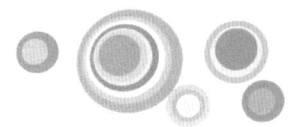

第四部分

第 16-20 题

例如：下午我去商店，我想买一些水果。

    Xià wǔ wǒ qù shāng diàn, wǒ xiǎng mǎi yì xiē shuǐ guǒ.

问：她下午去哪里？

    Tā xià wǔ qù nǎ lǐ?

    A 商店 shāng diàn √   B 医院 yī yuàn   C 学校 xué xiào

16. A 狗 gǒu   B 猫 māo   C 都喜欢 dōu xǐ huān

17. A 饭馆 fàn guǎn   B 商店 shāng diàn   C 家 jiā

18. A 多 duō   B 少 shǎo   C 不多 bù duō

19. A 0分钟 0 fēn zhōng   B 5分钟 5 fēn zhōng   C 10分钟 10 fēn zhōng

20. A 书 shū   B 杯子 bēi zi   C 椅子 yǐ zi

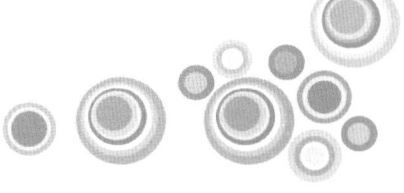

二、阅读

第一部分

第 21-25 题

例如：

   diàn shì
电视   ×

   fēi jī
飞机   √

21.    xiǎng
想

22.    xué xí
学习

23.    zhōng wǔ
中午

24.    fáng zi
房子

25.    bà ba
爸爸

第二部分

第 26-30 题

A
B
C
D
E
F

例如： 我很喜欢这本书。Wǒ hěn xǐ huān zhè běn shū.   **E**

26. 米饭做好了吗？Mǐ fàn zuò hǎo le ma?

27. 爷爷喜欢和孩子一起玩儿。Yé ye xǐ huān hé hái zi yì qǐ wánr.

28. 我能看看你的作业吗？Wǒ néng Kàn kan nǐ de zuò yè ma?

29. 谢谢你送给我的花。Xiè xie nǐ sòng gěi wǒ de huā.

30. 我今天和朋友吃饭了。Wǒ jīn tiān hé péng you chī fàn le.

第三部分

第 31-35 题

例如： Nǐ hē shuǐ ma?
你喝水吗？   **F**   A Fàn guǎn.
饭馆。

31. Nǎi nai qù nǎ lǐ mǎi shuǐ guǒ le?
奶奶去哪里买水果了？   ☐   B Wǒ.
我。

32. Tā jiā de māo zài nǎ lǐ?
他家的猫在哪里？   ☐   C Hěn piào liang.
很漂亮。

33. Zhè shì wǒ de nǚ péng you, zěn me yàng?
这是我的女朋友，怎么样？   ☐   D Shāng diàn.
商店。

34. Shuí yào qù kàn diàn yǐng?
谁要去看电影？   ☐   E Zhuō zi xià miàn.
桌子下面。

35. Nǐ jīn tiān wǎn fàn zài nǎ lǐ chī de?
你今天晚饭在哪里吃的？   ☐   F Hǎo de, xiè xie.
好的，谢谢。

第四部分

第 36-40 题

A 叫 jiào　　B 水 shuǐ　　C 看 kàn　　D 名字 míng zi　　E 好 hǎo　　F 能 néng

例如：你 叫 什么 （ D ）？

36. 天气 太 热 了，我 想 喝（ ）。

37. 我 听见 有人 在（ ）我。

38. 我（ ）吃 一块 面包 吗？

39. 男：你 有没有（ ）见过 我的 妈妈？
女：在 学校 里 见过 一次。

40. 女：你 姐姐 学习 怎么样？
男：很（ ）。

<HSK 1급 실전 모의고사 1> 본문 및 해석

1. 听力 듣기

第一部分 제1부분

一共 5 个题，每题听两次。Yí gòng 5 gè tí, měi tí tīng liǎng cì. 문제 총 5개가 있다. 문제마다 두 번씩 읽는다.

例如 Lìrú: 예시:

很高兴。 Hěn gāo xìng 아주 기뻐요. 看电影。 Kàn diàn yǐng 영화를 봐요

现在开始第 1 题。Xiàn zài kāi shǐ dì 1 tí 지금부터 1번이 시작한다..

1. 医院   yī yuàn 병원
2. 中国   zhōng guó 중국
3. 医生   yī shēng 의사
4. 杯子   bēi zi 컵
5. 椅子   yǐ zi 의자

第二部分 제2부분

一共 5 个题，每题听两次。Yí gòng 5 gè tí, měi tí tīng liǎng cì. 문제 총 5개가 있다. 문제마다 두 번씩 읽는다.

例如： 예시: 这是我的书。Lìrú: Zhè shì wǒ de shū. 이것은 저의 책이에요.

现在开始第6题。Xiàn zài kāi shǐ dì 6 tí. 지금부터 6번이 시작한다..

	중국어	병음	한국어
6	他很饿，他正在吃饭。	Tā hěn è, tā zhèng zài chī fàn.	그는 배 고파서 밥을 먹고 있어요.
7	我们星期六去看电影，怎么样？	Wǒ men xīng qī liù qù kàn diàn yǐng, zěn me yàng?	토요일에 영화를 보러 가는게 어때요?
8	我喜欢骑自行车。	Wǒ xǐ huān qí zì xíng chē.	저는 자전거를 타는 것을 좋아해요.
9	老师，我们几点下课？	Lǎo shī, wǒ men jǐ diǎn xià kè?	선생님, 우리 몇 시에 수업 끝나요?
10	他们两个人正在吃饭呢。	Tā men liǎng gè rén zhèng zài chī fàn.	그 두 사람은 밥을 먹고 있어요.

第三部分 제3부분

一共 5 个题，每题听两次。Yí gòng 5 gè tí, měi tí tīng liǎng cì. 문제 총 5개가 있다. 문제마다 두 번씩 읽는다.

例如： 女：你好！Nǐ hǎo! 男：你好！很高兴认识你！Nǐ hǎo! Hěn gāo xìng rèn shi nǐ!

예시: 여: 안녕하세요? 남: 안녕하세요? 만나서 반가워요!

现在开始第11题。Xiàn zài kāi shǐ dì 11 tí. 지금부터 11번이 시작한다..

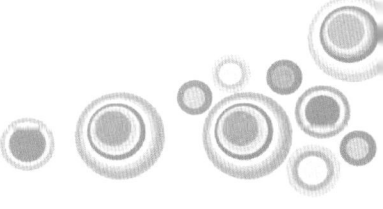

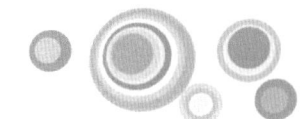

	중국어	병음	한국어
11	男：弟弟没有在学习，他在干什么？ 女：我刚刚看到他在玩电脑。	dì di méi yǒu zài xué xí, tā zài gàn shén me? wǒ gāng gāng kàn dào tā zài wán diàn nǎo.	남: 남동생은 공부를 안 하고 뭐해요? 여: 아까 컴퓨터를 한 걸 봤어요.
12	女：明天的天气怎么样？ 男：听说明天的风大，应该会很冷。	míng tiān de tiān qì zěn me yàng? tīng shuō míng tiān de fēng dà, yīng gāi huì hěn lěng.	여: 내일 날씨가 어때요? 남: 바람이 많이 분대요. 추울 거예요.
13	男：你的学校在哪里？ 女：我的学校在上海。	nǐ de xué xiào zài nǎ lǐ? wǒ de xué xiào zài shàng hǎi.	남: 학교는 어디에 있어요? 여: 상하이에 있어요.
14	女：有多少个学生正在上课？ 男：今天有9个学生。	yǒu duō shǎo gè xué shēng zhèng zài shàng kè? jīn tiān yǒu 9 gè xué shēng.	여: 몇 명 학생이 수업을 하고 있어요? 남: 오늘 9명 있어요.
15	男：你要去干什么？ 女：我要去看朋友的狗。	nǐ yào qù gàn shén me? wǒ yào qù kàn péng yǒu de gǒu.	남: 무슨 일을 하러 가세요? 여: 친구의 강아지를 보러 가요.

第四部分 제4부분

一共 5 个题，每题听两次。Yí gòng 5 gè tí, měi tí tīng liǎng cì. 문제 총 5개가 있다. 문제마다 두 번씩 읽어요.

例如：下午我去商店，我想买一些水果。Xià wǔ wǒ qù shāng diàn, wǒ xiǎng mǎi yì xiē shuǐ guǒ.

예시: 오후에 저는 상점에 가요. 저는 과일을 조금 사고 싶어요.

问：她下午去哪里？Tā xià wǔ qù nǎ lǐ? 질문: 그녀가 오후에 어디에 가요?

现在开始第16题。Xiàn zài kāi shǐ dì 16 tí. 지금부터 16번이 시작한다..

16. 我家前面有一个火车站。Wǒ jiā qián miàn yǒu yí gè huǒ chē zhàn.

问：我家前面有什么？ Wǒ jiā qián miàn yǒu shén me?

17. 我吃了爸爸买给妈妈的面条。Wǒ chī le bà ba mǎi gěi mā ma de miàn tiáo.

问：谁买的面条？ shuí mǎi de miàn tiáo.

18. 我昨天在家看电影。Wǒ zuó tiān zài jiā kàn diàn yǐng.

问：我昨天干什么了？ Wǒ zuó tiān zài jiā gàn shén me le?

19. 我买了一本书，送给了妹妹。Wǒ mǎi le yì běn shū, sòng gěi le mèi mei.

问：我把书送给了谁？ Wǒ bǎ shū sòng gěi le shuí?

20. 我最爱吃的水果是苹果。Wǒ zuì ài chī de shuǐ guǒ shì píng guǒ.

问：我爱吃什么水果？ wǒ ài chī shén me shuǐ guǒ?

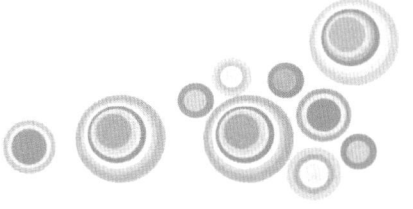

梦想中国语 模拟考试

한국어 해석:

16. 우리 집 앞에 기차역 하나가 있어요.

질문: 우리 집 앞에 무엇이 있어요?

17. 저는 아빠가 엄마에게 사 준 국수를 먹었어요.

질문: 누가 국수를 샀어요?

18. 저는 어제 집에서 영화 봤어요.

질문: 저는 어제 무엇을 했어요?

19. 제가 책을 사고 여동생한테 줬어요.

질문: 저는 누구한테 책을 주었어요?

20. 제가 가장 좋아하는 과일은 사과이에요.

질문: 제가 좋아하는 과일이 무엇인가요?

2. 阅读 읽기

第一部分 제1부분

	한국어
21	영화
22	적다
23	쌀밥
24	비가 내리다
25	병원

第二部分 제2부분

	한국어 해석
26	밥이 다 됐어요. 밥을 먹으러 와요.
27	그 예쁜 여자가 제 여자 친구이에요.
28	아빠는 회서에서 일하고 있어요.
29	오늘 날씨가 아주 더워서 나가기 싫어요.
30	저는 중국 요리가 좋아요.

第三部分 제3부분

	한국어 해석
31.	오늘은 더워요. 그래도 당신 나갈 거에요?
32.	당신은 언제 여기에 왔어요?
33.	내일 뭘 하러 가세요?
34.	이 컵이 얼마예요?
35.	이 고양이는 누구의 거에요?

	한국어 해석
A	20 위안이에요.
B	제 친구의 것이에요.
C	운동하러 가요.
D	됐어요.
E	30 분 전이에요.

第四部分

A	B	C
천만에요	일	안
D	E	F
이름	자다	말하다

	한국어 해석
36.	오늘은 왜 기쁘지 않아요?
37.	오늘은 2019년 3월 6일이에요.
38.	저는 차를 안 마시고 싶어요. 자고 싶어요.
39.	남: 리, 중국어를 할 줄 아세요? 여: 아뇨, 배우고 있어.
40.	여: 와 주셔서 고마워요. 남: 아니에요.좀 나아졌어요?

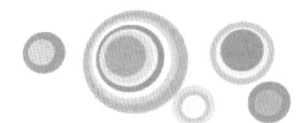

<HSK 1급 실전 모의고사 2> 본문 및 해석

1. 听力 듣기

第一部分 제1부분

1. 2个人　liǎng gè rén 두 사람
2. 桌子　zhuō zi 테이블
3. 北京　Běi jīng 베이징
4. 书　shū 책
5. 飞机　fēi jī 비행기

第二部分 제2부분

	중국어	병음	한국어
6	我的女儿很喜欢大狗。	Wǒ de nǔ ér hěn xǐ huān dà gǒu.	제 딸은 큰 개를 아주 좋아해요.
7	现在是三点十分。	Xiàn zài shì 3 diǎn 10 fēn.	지금은 3시 10분예요.
8	老师，汉语太难了。	Lǎo shī, hàn yǔ tài nán le.	선생님, 중국어는 너무 어려워요.
9	桌子上有一个苹果。	Zhuō zi shàng yǒu yí gè píng guǒ.	테이블 위에 사과 하나가 있어요.
10	姐姐喜欢吃米饭。	Jiě jie xǐ huān chī mǐ fàn.	언니는 쌀밥을 좋아해요.

第三部分 제3부분

	중국어	병음	한국어
11	男：你怎么去上海？ 女：我已经买好飞机票，坐飞机去。	nǐ zěn me qù shàng hǎi? wǒ yǐ jīng mǎi hǎo fēi jī piào, zuò fēi jī qù.	남: 어떻게 상하이로 가실 거에요? 여: 표를 샀어요. 비행기를 타고 가요.
12	女：你们星期六要去干什么？ 男：我们要去唱歌。	nǐ xīng qī liù yào qù gàn shén me? wǒ men yào qù chàng gē.	여: 토요일에 뭘 하려고 해요? 남: 우리는 노래하러 가기로 했어요.
13	男：我的肚子好饿，你有什么可以吃的东西吗？ 女：我只有面包了。	wǒ de dù zi hǎo è, nǐ yǒu shén me kě yǐ chī de dōng xi ma? wǒ zhǐ yǒu miàn bāo le.	남: 배고파요. 먹을 만한 게 있어요? 여: 저는 빵 밖에 없어요.
14	女：你什么时候去医院啊？ 男：爸爸给我说的是星期三。	nǐ shén me shí hòu qù yī yuàn a? bà ba gěi wǒ shuō de shì xīng qī sān.	여: 언제 병원에 가세요? 남: 아빠가 수요일이라고 말했어요.
15	男：你怎么了？为什么这么不高兴？ 女：我把钱给弄丢了。	nǐ zěn me le? Wèi shén me zhè me bù gāo xìng? wǒ bǎ qián gěi nòng diū le.	남: 왜 그래요? 왜 안 기뻐요? 여: 저는 돈을 잃어 버렸어요.

第四部分 제4부분

16. 弟弟正在房间里玩电脑。Dì di zhèng zài fáng jiān lǐ wán diàn nǎo.

问：弟弟在干什么？Dì di zài gàn shén me?

17. 我今天在学校见到了王老师。Wǒ jīn tiān zài xué xiào jiàn dào le wáng lǎo shī.

问：我今天见到了谁？ Wǒ jīn tiān jiàn dào le shuí?

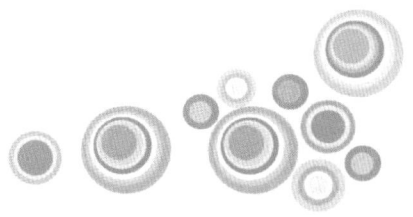

18. 我在学校看到了黑色的小狗。Wǒ zài xué xiào kàn dào le hēi sè de xiǎo gǒu.

问：我看到了什么？Wǒ kàn dào le shén me?

19. 我们在2月认识的，现在是12月了。Wǒ men zài 2 yuè rèn shi de, xiàn zài shì 12 yuè le.

问：我们认识几个月了？ Wǒ men rèn shi jǐ gè yuè le?

20. 我上午在家里，下午去学校。Wǒ shàng wǔ zài jiā lǐ, xià wǔ qù xué xiào.

问：我什么时候去学校？ Wǒ shén me shí hòu qù xué xiào?

한국어 해석:

16. 남동생은 지금 방에서 컴퓨터를 하고 있어요.

질문: 남동생은 뭘 하고 있어요?

17. 저는 오늘 학교에서 왕 선생님을 만났어요.

질문: 저는 오늘 누구를 만났어요?

18. 저는 오늘 학교에서 검은 색 강아지를 봤어요.

질문: 오늘 저는 무슨 동물을 봤어요?

19. 우리가 2월에 만났고 지금은 12월이에요.

질문: 우리 서로 안 지 얼마나 되었어요?

20. 저는 오전에 집에 있고 오후에 학교에 가요.

질문: 저는 언제 학교에 가요?

2. 阅读 읽기

第一部分 제1부분

	한국어
21	미스터
22	이야기하다
23	눈이 내리다
24	물건
25	밥을 먹다

第二部分 제2부분

	한국어
26	저는 비행기를 타고 왔어요.
27	우리 집 앞에 상점 하나가 있어요.
28	이 한자들은 너무 어려워서 쓸 줄 몰라요.
29	제 남동생은 올해 10 살이에요.
30	저는 11월에 돌아올 거예요. 또 만나요!

第三部分 제3부분

	한국어
31.	몸이 좀 나아졌어요?
32.	아침 뭘 먹었어요?
33.	강아지는 어디에 있어요?
34.	언제 중국에 오세요?
35.	아빠는 뭘 하고 있어요?

	한국어
A	내년이에요.
B	전화하고 있어요.
C	의자 밑에 있어요.
D	많이 나았어요.
E	국수요.

第四部分 제4부분

A	B	C
있다	와	오전
D	E	F
이름	얼마나	TV

	한국어 해석
36	전 여동생이랑 베이징에서 산지 5 년이 되었어요.
37	저는 오전에 상점에 가서 과일을 좀 샀어요.
38	우리 가족들이 다 TV를 보는 것을 좋아해요.
39	남: 이 옷이 얼마예요? 여: 90위안이에요.
40	여: 오전에 집에 없었어요? 남: 네, 엄마와 기차역에 갔어요

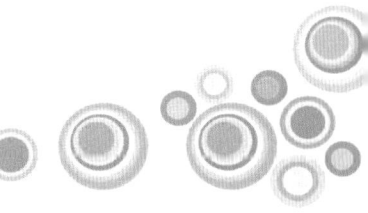

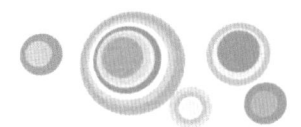

<HSK 1급 실전 모의고사 3> 본문 및 해석

1. 听力 듣기

第一部分 제1부분

1. 开门　kāi mén 문을 열다
2. 月亮　yuè liang 달
3. 星期一　xīng qī yī 월요일
4. 6　liù 육
5. 很伤心　hěn shāng xīn 슬프다

第二部分 제2부분

	중국어	병음	한국어
6	要不要来一杯中国茶？	Yào bú yào lái yì bēi zhōng guó chá.	중국차를 한 잔 드실래요?
7	你要去商店买什么东西？	Nǐ yào qù shāng diàn mǎi shén me dōng xi?	상점에 가서 뭘 살 거예요?
8	我们在家看电视。	Wǒ men zài jiā kàn diàn shì.	우리는 집에서 TV를 보고 있어요.
9	狗坐在车里等我。	Gǒu zuò zài chē lǐ děng wǒ.	강아지는 차 안에서 저를 기다리고 있어
10	姐姐在做运动。	Jiě jie zài zuò yùn dòng.	언니는 운동하고 있어요.

第三部分 제3부분

	중국어	병음	한국어
11	男：姐姐，今天外面冷吗？ 女：不冷，很热。	jiě jie, jīn tiān wài miàn lěng ma? bù lěng, hěn rè.	남: 누나, 오늘 밖에는 추워요? 여: 춥지 않고 더워요.
12	女：他们在哪个房间？ 男：208房间。	tā men zài nǎ gè fáng jiān? 208 fáng jiān.	여: 그들은 어느 방에 있어요? 남: 208 룸에 있어요.
13	男：你们在干什么？怎么这么高兴？ 女：我们在讲好玩的事情呀。	nǐ men zài gàn shén me?zěn me zhè me gāo xìng? wǒ men zài jiǎng hǎo wán de shì qing ya.	남: 뭘 하고 있어요? 왜 이렇게 기뻐요? 여: 재미 있는 이야기를 하고 있어요.
14	女：这是什么？ 男：这是我上午买的牛奶。	zhè shì shén me? zhè shì wǒ shàng wǔ mǎi de niú nǎi.	여: 이거 뭐예요? 남: 제가 오전에 산 우유예요.
15	男：桌子上有几支笔？ 女：只有一支。	zhuō zi shàng yǒu jǐ zhī bǐ? zhǐ yǒu yì zhī.	남: 책상에 볼펜 몇 자루가 있어요? 여: 하나 밖에 없어요.

第四部分 제4부분

16. 明天我不在家，你今天来好吗？　Míng tiān wǒ bú zài jiā, nǐ jīn tiān lái hǎo ma?
问：我什么时候在家？　Wǒ shén me shí hòu zài jiā?
17. 这本书只要5块钱，太好了！　Zhè běn shū zhǐ yào 5 kuài qián, tài hǎo le!

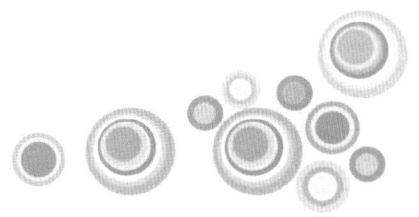

问：这本书多少钱？ Zhè běn shū duō shǎo qián?

18. 我要回家了，星期一学校见！Wǒ yào huí jiā le, xīng qī yī xué xiào jiàn!

问：我们什么时候见面？ Wǒ men shén me shí hòu jiàn miàn?

19. 他喜欢猫，不喜欢狗。Tā xǐ huān māo, bù xǐ huān gǒu.

问：他喜欢什么？ Tā xǐ huān shén me?

20. 老师今天不在学校，回家了。Lǎo shī jīn tiān bú zài xué xiào, huí jiā le.

问：老师在哪里？ Lǎo shī zài nǎ lǐ?

한국어 해석:

16. 내일 저는 집에 없고 오늘 오시는 게 어때요?

질문: 저는 언제 집에 있어요?

16. 이 책이 5위안 밖에 안 돼요. 너무 좋아요!

질문: 이 책이 얼마예요?

17. 집에 가야 해요. 월요일은 학교에서 만나요!

질문: 우리 언제 만나기로 했어요?

18. 그는 고양이가 좋고 강아지가 싫어요.

질문: 그는 뭘 좋아해요?

19. 선생님은 학교에 없고 집에 돌아갔어요.

질문: 선생님이 어디에 있어요?

2. 阅读 읽기

第一部分 제1부분

	한국어
21	상점
22	중국어
23	아가씨, 젊은 여자
24	야채
25	춥다

第二部分 제2부분

	한국어
26.	그녀는 친구와 전화하고 있어요.
27.	저는 식당에서 밥을 먹고 있어요.
28.	엄마, 저는 이 요리를 싫어해요.
29.	저는 빵 하나 먹을 수 있어요?
30.	어때요? 예뻐요?

第三部分 제3부분

	한국어
31.	가족이 몇 명이 있어요?
32.	이 꽃이 예쁘죠?
33.	그 여자 아이가 누구예요?
34.	선생님이 지금 어디에 있어요?
35.	엄마가 언제 와요?

	한국어
A	오후 5 시.
B	가족이 4 명이 있어요.
C	네, 예뻐요.
D	교실이에요.
E	몰라요.

第四部分 제4부분

A	B	C
글씨	미스터	분
D	E	F
이름	학교	비가 내리다

	한국어 해석
36.	여보세요, 15분 후에 돌아가요.
37.	괜찮아요, 어느 글자를 몰라요?
38.	비가 내려도 사람 이렇게 많네요!
39.	남: 남편은 무슨 일을 해요? 여: 초등학교 선생님이에요.
40.	여: 오전에 어디에 갔어요? 왜 보이지 않았어요?

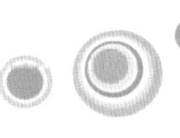
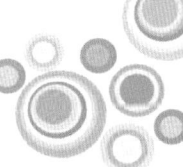

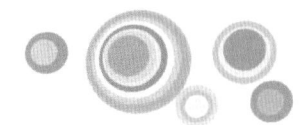

<HSK 1급 실전 모의고사 4> 본문 및 해석

1. 听力 듣기

第一部分 제1부분

1. 饭馆　　fàn guǎn 식당
2. 出租车　chū zū chē 택시
3. 看电视　kàn diàn shì TV를 보다
4. 爱心　　ài xīn 하트, 사랑 마음
5. 汉语　hàn yǔ 중국어

第二部分 제2부분

	중국어	병음	한국어
6	我喜欢吃水果。	Wǒ xǐ huān chī shuǐ guǒ.	저는 과일을 먹는 것을 좋아해요.
7	这位是我的奶奶。	Zhè wèi shì wǒ de nǎi nai.	이 분은 제 할머니예요.
8	你好，这些衣服是100块钱。	Nǐ hǎo ,zhè xiē yī fū shì 100 kuài qián.	네, 이 옷들이 100위안이에요.
9	爸爸喜欢骑自行车。	Bà ba xǐ huān qí zì xíng chē.	아버지는 자전거를 타는 것을 좋아해요.
10	很多学生在上课。	Hěn duō xué shēng zài shàng kè.	많은 학생들이 수업을 듣고 있어요.

第三部分 제3부분

	중국어	병음	한국어
11	男：你好，请问你要买几本书？ 女：我想买这2本。	nǐ hǎo, qǐng wèn nǐ yào mǎi jǐ běn shū? wǒ xiǎng mǎi zhè 2 běn.	남: 안녕하세요, 책 몇 권을 살 거예요? 여: 이 두 권을 사려고 해요.
12	女：今天为什么这么热？ 男：对，好热啊。	jīn tiān wèi shén me zhè me rè? duì, hǎo rè a.	여: 오늘은 왜 이렇게 더워요? 남: 맞아요, 너무 덥네요.
13	男：你什么时候回家吃饭？ 女：我要到6点才下班。	nǐ shén me shí hòu huí jiā chī fàn? wǒ yào dào 6 diǎn cái xià bān.	남: 언제 집에 돌아와서 밥을 먹어요? 여: 저는 6시에 퇴근할 거예요.
14	女：医生，我的肚子好痛，这是怎么了？ 男：你可能吃错东西了。	yī shēng, wǒ de dù zi hǎo tòng , zhè shì zěn me le? nǐ kě néng chī cuò dōng xī le.	여: 의사님, 배가 아파요. 왜 이래요? 남: 당신은 아마 뭘 잘못 먹었어요.
15	男：你几月份去英国？ 女：我会在9月11号去。	nǐ jǐ yuè fèn qù yīng guó? wǒ huì zài 9 yuè 11 hào qù.	남: 몇 월에 영국에 가요? 여: 9월 11일에 갈 거예요.

第四部分 제4부분

16. 我的女儿今年16岁了，是一个学生。Wǒ nǚ ér jīn nián 16 suì le, shì yí gè xué shēng.

    问：我女儿今年多大了？wǒ nǚ ér jīn nián duō dà le?

17. 你好，请问这里有杯子吗？ Nǐ hǎo , qǐng wèn zhè li yǒu bēi zi ma?

    问：他想买什么？ Tā xiǎng mǎi shén me?

18. 他是一名汉语老师，他有20个学生。Tā shì yì míng han yǔ lǎo shī, tā yǒu 20 gè xué shēng.

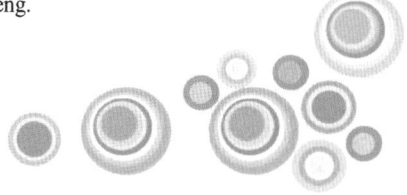

问：他有多少学生？ Tā yǒu duō shǎo xué shēng?

19. 这位是我的朋友。很漂亮吧？ Zhè wèi shì wǒ de péng yǒu, hěn piào liang ba?

问：朋友怎么样？ Péng yǒu zěn me yàng?

20. 我的电脑在妈妈的桌子上。 Wǒ de diàn nǎo zài mā ma de zuō zi shàng.

问：我的电脑在谁的桌子上？ Wǒ de diàn nǎo zài shuí de zuō zi shàng?

한국어 해석:

16. 제 딸이 올해 16 살이고 학생이에요.

질문: 제 딸이 몇 살이에요?

17. 안녕하세요, 여기에 컵이 있나요?

질문: 그는 뭘 사고 싶어요?

18. 그는 중국어 선생님이고 학생이 20명 있어요.

질문: 그는 학생이 몇 명 있어요?

19. 이 분은 제 친구예요. 아주 예쁘죠?

질문: 친구가 어때요?

20. 제 컴퓨터는 엄마의 책상 위에 있어요.

질문: 제 컴퓨터는 어디에 있어요?

2. 阅读 읽기

第一部分 제1부분

	한국어
21	식당
22	사과
23	달, 월
24	중국
25	우리

第二部分 제2부분

	한국어
26.	날씨가 더워서 물을 많이 마셔요.
27.	류 선생님이 전화하고 있어요.
28.	이 옷들이 다 제 여동생의 것이에요.
29.	저는 한자를 쓸 줄 알아요, 당신은요?
30.	제 언니는 대학생이에요.

第三部分 제3부분

	한국어
31.	당신의 아들은 취직했어요?
32.	당신들은 어디로 가요?
33.	당신의 할머니는 연세가 어떻게 되세요?
34.	뭘 먹고 싶어요?
35.	아빠는 회사에 어떻게 가요?

	한국어
A	운전해요.
B	중국 요리.
C	60 살.
D	아직이요. 안 했어요.
E	병원이요.

第四部分 제4부분

A	B	C
중국어	고맙다	읽다
D	E	F
이름	차	컴퓨터

	한국어 해석
36.	그는 18 살이고 중국에서 중국어를 배우고 있어요.
37.	이 책들이 다 좋아요.
38.	할머니는 매일 아침에 차를 마셔요.
39.	남: 내일 누구와 컴퓨터를 사러 가요? 여: 아빠랑요.
40.	여: 물 마실 래요? 남: 네, 고마워요.

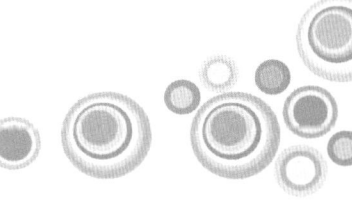

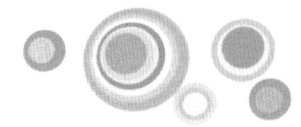

<HSK 1급 실전 모의고사 5> 본문 및 해석

1. 听力 듣기

第一部分 제1부분

1. 钱　　qián 돈
2. 苹果　píng guǒ 사과
3. 学校　xué xiào 학교
4. 买书　mǎi shū 책을 사다
5. 老师和学生 lǎo shī hé xué shēng 선생님과 학생

第二部分 제2부분

	중국어	병음	한국어
6	苹果很甜。	Píng guǒ hěn tián.	사과 아주 달아요.
7	爸爸在看电脑。	Bà ba zài kàn diàn nǎo.	아빠가 컴퓨터를 보고 있어요.
8	我今天很高兴。	Wǒ jīn tiān hěn gāo xìng.	저는 오늘 아주 기뻐요.
9	今天天气不太好，下雨了。	Jīn tiān tiān qì bù hǎo, xià yǔ le.	오늘 날씨가 안 좋아요. 비왔어요.
10	坐出租车去要花多长时间？	Zuò chū zū chē qù yào huā duō cháng shí jiān?	택시를 타면 얼마나 걸릴까요?

第三部分 제3부분

	중국어	병음	한국어
11	男：我是医生，你呢？ 女：我也是医生。	wǒ shì yī shēng, nǐ ne? wǒ yě shì yī shēng.	남: 저는 의사예요. 당신은요? 여: 저도 의사예요.
12	女：那个人是谁呀？ 男：是我奶奶，她今天来我家了。	nà gè rén shì shuí ya? tā shì wǒ nǎi nai, tā jīn tiān lái wǒ jiā le.	여: 그 분이 누구세요? 여: 제 할머니요. 오늘 제 집으로 왔어요.
13	男：她们在做什么？ 女：她们在教室学习。	tā men zài zuò shén me? tā men zài jiào shì xué xí.	남: 그녀들 뭐 하고 있어요? 여: 그녀들 교실에서 공부하고 있어요.
14	女：你夏天最喜欢吃什么水果？ 男：当然是西瓜啦。	nǐ xià tiān zuì xǐ huān shén me shuǐ guǒ? dāng rán shì xī guā la.	여: 여름에 제일 좋아하는 과일이 뭐야? 남: 당연히 수박이죠.
15	男：你是中国人吗？ 女：不，我在中国工作，我是法国人。	nǐ shì zhōng guó rén ma? bù, wǒ zài zhōng guó gōng zuò. wǒ shì fǎ guó rén.	남: 중국 사람이에요? 여: 아뇨. 중국에서 일하는 프랑스인예요.

第四部分 제4부분

16. 听说他是这里的汉语老师。Tīng shuō tā shì zhè lǐ de hàn yǔ lǎo shī.

   问：他是什么老师？ Tā shì shén me lǎo shī?

17. 孩子不睡觉，要看电视。Hái zi bú shuì jiào, yào kàn diàn shì.

   问：孩子要干什么？ Hái zi yào gàn shén me?

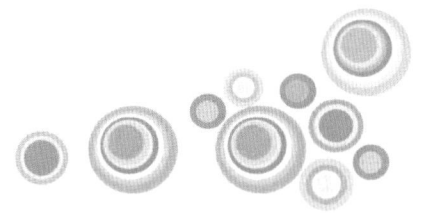

18. 太热了，我想喝水。Tài rè le, wǒ xiǎng hē shuǐ.

问：我想喝什么？ Wǒ xiǎng hē shén me?

19. 我今天要坐12点的飞机去中国。Wǒ jīn tiān yào zuò 12 diǎn de fēi jī qù zhōng guó.

问：飞机是几点？ Fēi jī shì jǐ diǎn?

20. 他们都是我的中国朋友。 Tā men dōu shì wǒ de zhōng guó péng you

问：朋友们是哪国人？ Péng you men shì nǎ guó rén?

한국어 해석:

16. 그가 여기의 중국어 선생님이라고 들었어요.

질문: 그는 무슨 선생님이에요?

17. 아이가 자지 않고 TV를 보려고 해요.

질문: 아이가 뭘 하고 싶어요?

18. 너무 더워서 물을 마시고 싶어요.

질문: 저는 뭘 마시고 싶어요?

19. 오늘 점심 12시에 비행기를 타고 중국에 가요.

질문: 비행기가 언제 출발해요?

20. 그들은 모두 제 중국인 친구이에요.

질문: 친구들이 어느 나라 사람이에요?

2. 阅读 읽기

第一部分 제1부분

	한국어
21	친구
22	아래
23	괜찮다
24	그녀
25	책을 보다

第二部分 제2부분

	한국어
26.	저를 볼 수 있나요?
27.	누가 이렇게 많은 요리를 했어요!
28.	왜 이래요? 의사 선생님이 뭘 말했어요?
29.	천만에요,미스터 왕, 앉으세요.
30.	저는 당신의 책이 소려한테 있는 걸 봤어요.

第三部分 제3부분

	한국어
31.	베이징의 날씨가 어때요?
32.	당신들은 거기에 어떻게 가요?
33.	누가 당신의 여동생이에요?
34.	당신의 생일이 몇 월이에요?
35.	우리 같이 영화 보러 갈래요?

	한국어
A	9 월.
B	좋아요,같이 가요.
C	이것/이 사람이에요.
D	눈이 내렸어요.
E	택시를 타요.

第四部分 제4부분

A	B	C
서점	집	뒤
D	E	F
이름	비행기	아주

	한국어 해석
36.	5일 후에 할아버지가 베이징에서 올 거예요.
37.	그녀는 오늘 예쁘게 입었어요.
38.	우리 집이 서점 앞에 있어요.
39.	남: 어디서 식사해요? 여: 집에서요.엄마가 밥했어요.
40.	여: 중국에 어떻게 가요? 남: 비행기를 타고 가요.

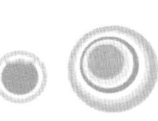
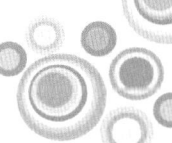

 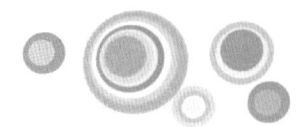

<HSK 1급 실전 모의고사 6> 본문 및 해석

1. 听力 듣기

第一部分 제1부분

1. 洗菜　　xǐ cài　채소를 씻다
2. 2只小狗　liǎng zhī xiǎo gǒu　강아지 두 마리
3. 一台电脑　yì tái diàn nǎo　컴퓨터 한 대
4. 水　　shuǐ　물
5. 吃米饭　chī mǐ fàn　쌀밥을 먹다

第二部分 제2부분

	중국어	병음	한국어
6	今天星期天。	Jīn tiān xīng qī tiān.	오늘은 일요일이에요.
7	我明天坐火车去北京。	Wǒ míng tiān zuò huǒ chē qù běi jīng	저는 내일 기차를 타고 베이징에 가요.
8	谢谢你送给我花。	Xiè xie nǐ sòng wǒ gěi huā	꽃을 보내 주셔서 고마워요.
9	你好，我要买这辆黑色的汽车。	Nǐ hǎo ,wǒ yào mǎi zhè liàng hēi sè de qì chē	저는 이 검은 색 자동차를 살 거예요.
10	椅子上有一只猫。	Yǐ zi shàng yǒu yì zhī māo.	의자 위에 고양이 한 마리가 있어요.

第三部分 제3부분

	중국어	병음	한국어
11	男：有人打电话来了。 女：我没有时间，你接一下吧。	yǒu rén dǎ diàn huà lái le. wǒ méi yǒu shí jiān, nǐ jiē yí xià ba.	남: 전화 왔어요. 여: 여유가 없어요. 당신 받아 주세요.
12	女：姐姐在干什么，看起来很认真的样子。 男：姐姐正在写作业呢。	jiě jie zài gàn shén me, kàn qǐ lái hěn rèn zhēn de yàng zi jiě jie zheng zài xiě zuò yè ne.	여: 언니는 무엇을 하고 있어요? 　　열심히 해 보이던데요. 남: 숙제를 하고 있어요.
13	男：桌子上为什么什么东西都没有？ 女：不是有一个杯子嘛。	zhuō zi shàng wèi shén me shén me dōng xi dōu méi yǒu? bú shì yǒu yí gè bēi zi ma.	남: 책상 위에 왜 아무 것도 없어요? 여: 컵 하나 있잖아요.
14	女：你最爱吃妈妈做的什么菜？ 男：妈妈做的我都爱吃。	nǐ zui ài chī mā mā zuò de shén me cài? mā mā zuò de wǒ dōu ài chī.	여: 제일 좋아하는 엄마의 요리는? 남: 엄마가 만드는 요리가 다 좋아요.
15	男：老师在干什么呢？ 女：老师正在教室上课呢。	lǎo shī zài gàn shén me? lǎo shī zài jiāo shì shàng kè ne.	남: 선생님이 뭘 하고 있어요? 여: 교실에서 수업을 하고 있어요.

第四部分 제4부분

16. 我11月去了中国。wǒ 11yuè qù le zhōng guó.
问: 我什么时候去了中国？　Wǒ shén me shí hòu qù le zhōng guó.
17. 我听说，王老师的儿子是医生。Wǒ tīng shuō, wáng lǎo shī de ér zi shì yī shēng.

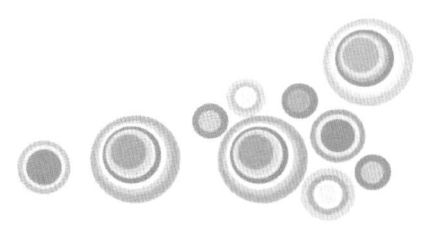

问：王老师的儿子是干什么的？ wáng lǎo shī de ér zi shì gàn shén me de?

18. 今天星期五，我在奶奶家住2天再回家。Jīn tiān xīng qī wǔ, wǒ zài Nǎi nai jiā zhù liǎng tiān zài huí jiā.

问：我什么时候回家? wǒ shén me shí hòu huí jiā?

19. 他字写得很漂亮。Tā zì xiě de hěn piào liang

问：他的字怎么样？ Tā de zì zěn me yàng?

20. 今天的天气很好，没下雨。Jīn tiān de tiān qì hěn hǎo, méi xià yǔ.

问：今天的天气怎么样？ Jīn tiān de tiān qì zěn me yàng?

한국어 해석:

16. 저는 11월에 중국에 갔어요.

질문: 저는 언제 중국에 갔어요?

17. 저는 왕 선생님의 아들이 의사라고 들었어요.

질문: 왕 선생님의 아들이 직업이 뭐예요?

18. 오늘은 금요일이라 할머니의 집에 이틀동안 가요.

질문: 저는 언제 집에 가요?

19. 그는 글씨를 잘 써요.

질문: 그의 글씨가 어때요?

20. 오늘 날씨가 좋아요, 비 안 왔어요.

질문: 오늘 날씨가 어때요?

2. 阅读 읽기

第一部分 제1부분

	한국어
21	집
22	일하다
23	월요일
24	베이징
25	예쁘다

第二部分 제2부분

	한국어
26.	저는 식당에 있는데, 당신 몇 시에 올 수 있어요?
27.	우리 아들은 집에서 공부하고 있어요.
28.	제가 소개해 드릴게요, 이 분은 제 친구 이명이에요.
29.	안녕하세요, 만나서 반가워요.
30.	저는 학생이 아니고 직장을 다녀요.

第三部分 제3부분

	한국어
31.	이 책을 보내 주셔서 고마워요.
32.	제 여동생을 봤어요?
33.	다음달 어디에 가실 거에요?
34.	이 옷이 어때요?
35.	바이바이,월요일에 만나요!

	한국어
A	상하이에요.
B	잘가요!
C	안 봤어요.
D	너무 작아요.
E	천만에요.

第四部分 제4부분

A	B	C
차	여기	아침
D	E	F
이름	의사	밥

	한국어 해석
36.	엄마한테는 그의 아들이 의사 라고 들었어요.
37.	안녕하세요, 여기에 사인해 주세요.
38.	왕 학생은 운전할 수 있어요.
39.	남: 언제 왔어요? 여: 전 아침 이미 왔어요.
40.	여: 엄마는 집에서 뭘 하세요? 남: 밥하고 있어요.

<HSK 1급 실전 모의고사 7> 본문 및 해석

1. 听力 듣기

第一部分 제1부분

1. 打电话　dǎ diàn huà 전화하다
2. 坐出租车　zuò chū zū chē 택시를 타다
3. 老师　lǎo shī 선생님
4. 睡觉　shuì jiào 잠을 자다
5. 下雨　xià yǔ 비가 내리다

第二部分 제2부분

	중국어	병음	한국어
6	这件衣服太大了。	Zhè jiàn yī fu tài dà le.	이 옷이 너무 커요.
7	爸爸是一名老师。	Bà ba shì yì míng lǎo shī.	아빠는 선생님이세요.
8	这里的书好多啊。	Zhè lǐ shū hǎo duō a.	여기엔 책이 너무 많네요.
9	我妈妈今年有65岁了。	Wǒ mā mā jīn nián 65 suì le.	제 엄마는 올해 65 살이에요.
10	医生，我的肚子不舒服。	Yī shēng, wǒ de dù zi bù shū fu.	의사님, 제 배가 불편해요.

第三部分 제3부분

	중국어	병음	한국어
11	男：你最喜欢什么天气？ 女：我喜欢下雪天。	nǐ zuì xǐ huān shén me tiān qì? wǒ xǐ huān xià xuě tiān.	남: 어떤 날씨를 제일 좋아해요? 여: 눈 오는 날을 제일 좋아해요.
12	女：你会写汉字吗？ 男：会呀，我正在学习汉语。	nǐ huì xiě hàn zì ma? huì ya, wǒ zhèng zài xué xí hàn yǔ.	여: 한자를 쓸 줄 알아요? 남: 네, 중국어를 배우고 있어요.
13	男：你要去干什么？ 女：今天天气很好，我要出去。	nǐ yào qù gàn shén me? jīn tiān tiān qì hěn hǎo wǒ yào chū qù.	남: 뭘 하러 가세요? 여: 날씨 좋아서 나가려구요.
14	女：妹妹在干什么，怎么没有看到她？ 男：她正在睡觉呢。	mèi mei zài gàn shén me, zěn me méi yǒu kàn dào tā. tā zhèng zài shuì jiào ne.	여: 여동생은 뭘 해? 왜 안 보여? 남: 그녀는 잠을 자고 있어요.
15	男：再见，我要回家了。 女：再见。	zài jiàn, wǒ yào huí jiā le. zài jiàn.	남: 또 봐요, 저는 집에 가야 돼요. 여: 잘 가요.

第四部分 제4부분

16. 我的电话是745639。Wǒ de diàn huà shì 745639

问：我的电话是多少？Wǒ de diàn huà shì duō shǎo?

17. 现在是2019年2月26日9点 Xiàn zài shì 2019 nián 2 yuè 26 rì 9 diǎn.

问：现在几点了？ Xiàn zài jǐ diǎn le?

18. 我有个朋友今天下午到北京，我要去火车站接他。Wǒ yǒu gè péng you jīn tiān xià wǔ dào běi jīng, wǒ yào qù huǒ chē zhàn jiē tā.

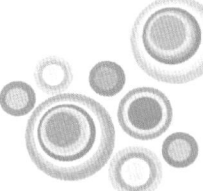

问: 我下午要去哪里？ Wǒ xià wǔ yào qù nǎ lǐ?

19. 他是大学老师，有很多学生。 Tā shì dà xué lǎo shī, yǒu hěn duō xué shēng.

问: 他是哪里的老师？ Tā shì nǎ lǐ de lǎo shī?

20. 爸爸说有人在公司里面叫了他。 Bà ba shuō yǒu rén zài gōng sī lǐ miàn jiào le tā.

问: 谁在公司里面？ Shuí zài gōng sī lǐ miàn?

한국어 해석:

16. 제 전화 번호는 745639예요.

질문: 제 전화 번호는 뭐예요?

17. 지금은 2019년 2월 26일 9시예요.

질문: 지금은 몇 시예요?

18. 친구가 오후에 베이징에 도착해요.

제가 마중하러 기차역에 가야 해요.

질문: 저는 오후에 어디로 가야 해요?

19. 그는 대학 선생님이고 학생이 많이 있어요.

질문: 그는 어디의 선생님이에요?

20. 아빠는 누가 회사에서 그를 불렀다고 했어요.

질문: 누가 회사에 있어요?

2. 阅读 읽기

第一部分 제1부분

	한국어
21	팔
22	해
23	문을 열다
24	5위안
25	과일

第二部分 제2부분

	한국어
26.	소명, 이 분은 제 엄마예요.
27.	오늘 친구랑 만났어요.
28.	다 됐어요, 아빠를 불러 밥을 먹어요.
29.	의사님이 잘 쉬어야 된다고 했어요.
30.	미안해요, 저는 자려고 해요.

第三部分 제3부분

	한국어
31.	당신은 언제 과일을 샀어요?
32.	당신의 책이 어디에 있어요?
33.	할아버지는 매일 오후에 뭘 해요?
34.	지금 몇 시예요?
35.	이웃이 얼마예요?

	한국어
A	50위안이요.
B	10 시요.
C	방 안에 있어요.
D	어제 오전이에요.
E	차를 마셔요.

第四部分 제4부분

A	B	C
보고 싶다.	쓰다	전
D	E	F
이름	듣다	누구

	한국어 해석
36.	한자를 쓸 줄 아세요? 어렵다면서요?
37.	두 시간 전에 병원에 갔어요.
38.	미안해요, 제가 못 들었어요.
39.	남: 저 강아지는 누구거야? 여: 내 동창 거야.
40.	여: 몇일 안 봤는데 나 보고 싶었어? 남: 응. 많이.

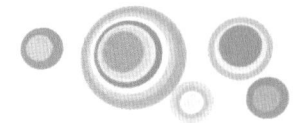

<HSK 1급 실전 모의고사 8> 본문 및 해석

1. 听力 듣기

第一部分 제1부분

1. 北京 běi jīng 베이징
2. 买衣服 mǎi yī fu 옷을 사다
3. 商店 shāng diàn 상점
4. 吃米饭 chī mǐ fàn 쌀밥을 먹다
5. 自行车 zì xíng chē 자전거

第二部分 제2부분

	중국어	병음	한국어
6	妈妈喜欢每天下午喝杯茶。	Mā ma xǐ huān měi tiān xià wǔ hē bēi chá.	엄마는 매일 오후에 차를 마시는 것을 좋아해
7	孩子，你在看什么呢?	Hái zi , nǐ zài kàn shén me ne?	아이야,뭘 보고 있어요?
8	我要星期五去买衣服。	Wǒ yào xīng qī wǔ qù mǎi yī fu.	저는 금요일에 옷을 사러 갈 거예요.
9	我有9个中国朋友。	Wǒ yǒu 9 gè zhōng guó péng you.	저는 중국 친구 9 명이 있어요.
10	他女儿的眼睛很大。	Tā nǚ ér de yǎn jīng hěn dà.	그의 딸의 눈이 아주 커요.

第三部分 제3부분

	중국어	병음	한국어
1	男：你好，这件衣服多少钱？ 女：这件衣服要50元。	nǐ hǎo zhè jiàn yī fu duō shǎo qián? zhè jiàn yī fu yào 50 yuán.	남: 안녕하세요,이 옷이 얼마예요? 여: 50위안이에요.
2	女：昨天你干什么了? 男：昨天天气好，我和朋友一起玩儿了。	zuó tiān nǐ gàn shén me le? zuó tiān tiān qì hǎo, wǒ hé péngyou yìqǐ wánr le.	여: 어제 뭐 했어요? 남: 어제 날씨 좋아서 친구랑 놀았어요.
3	男：你早上最喜欢吃什么？ 女：我最喜欢吃面包。	nǐ zǎo shàng zuì xǐ huān chī shén me? wǒ zuì xǐ huān chī miàn bāo.	남: 아침에 무엇을 먹기를 좋아하세요? 여: 제가 빵을 가장 좋아해요.
4	女：你昨天晚上干什么了，为什么看起来怎么这么累？ 男：我看电视了。	nǐ zuó tiān wǎn shàng gàn shén me le, wèi shén me kàn qǐ lái zhè me lèi? wǒ kàn diàn shì le.	여: 어제 밤에 뭘 했어요? 왜 이렇게 피곤해 보여요? 남: 어제 TV를 봤어요.
5	男：你今天下午去了哪里？ 我怎么没有看见你？ 女：我去机场了。	nǐ jīn tiān xià wǔ qù le nǎ lǐ? Wǒ zěn me méi yǒu kàn jiàn nǐ? wǒ qù jī chǎng le.	남: 오후에 어디에 갔어요? 왜 안 보였어요? 여: 공항에 갔어요.

第四部分 제4부분

16. 我要这些衣服，多少钱？wǒ yào zhè xiē yī fu,duō shǎo qián?
    问：我要买什么? wǒ yào mǎi shén me?

17. 他的汉语很好，会写一点汉字。 Tā de hàn yǔ hěn hǎo, huì xiě yì diǎn hàn zì.
    问：他的汉语怎么样？ Tā de hàn yǔ zěn me yàng?

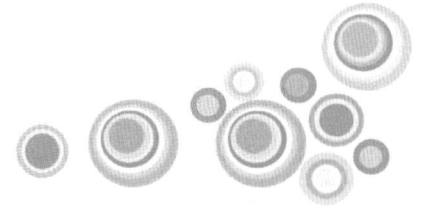

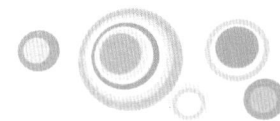

18. 请问米饭多少钱？ Qǐng wèn mǐ fàn duō shǎo qián?

问：他在哪里？ Tā zài nǎ lǐ?

19. 我现在住在北京，去年住在上海。Wǒ xiàn zài zhù zài běi jīng, qù nián zhù zài shàng hǎi.

问：我现在住在哪里？ Wǒ xiàn zài zhù zài nǎ lǐ?

20. 妹妹今年10岁，现在还在学校上课。Mèi mei jīn nián 10 suì, xiàn zài hái zài xué xiào shàng kè.

问：妹妹是干什么的？ Mèi mei shì gàn shén me de ?

한국어 해석:

16. 이 옷을 다 살 거예요. 얼마예요?

질문: 저는 뭘 사고 있어요?

17. 그는 중국어를 잘 해요. 한자 좀 쓸 수 있어요.

질문: 그의 중국어 실력이 어때요?

18. 혹시 이 쌀밥은 얼마예요?

질문: 저는 어디에 있어요?

19. 지금은 베이징에서 사는데 작년에 상하이에서 살았어요.

질문: 저는 지금은 어디에서 살고 있어요?

20. 여동생은 10살인데 아직 학교에서 수업듣고 있어요.

질문: 여동생은 뭐하는 사람이에요?

2. 阅读 읽기

第一部分 제1부분

	한국어
21	사람
22	중국 요리
23	찻잔
24	학교
25	10 살

第二部分 제2부분

	한국어
26.	저는 6월에 중국 가서 일할 거예요.
27.	상점에 과일이 많이 있어요.
28.	제 아들은 TV를 보는 것을 좋아해요.
29.	지금은 오전 10시예요.
30.	앞에 있는 그 차는 제 차예요.

第三部分 제3부분

	한국어
31.	언니는 요리를 할 수 있어요?
32.	당신이 가장 좋아하는 과일은 뭐예요?
33.	오늘 무슨 요일이에요?
34.	이 컵들 중에 어느 것을 제일 좋아해요?
35.	당신이 베이징에 어떻게 가요?

	한국어
A	월요일이에요.
B	비행기를 타요.
C	저거요.
D	사과.
E	하지 못 해요.

第四部分 제4부분

A	B	C
옷	영화	적다
D	E	F
이름	작다	어떻게

	한국어 해석
36.	이 의자는 너무 작아요.
37.	당신은 너무 적게 드시네요, 많이 드세요.
38.	저는 엄마와 오전에 옷을 사러 갔어요.
39.	남: 영화티켓을 사줘서 고마워요.여: 천만에요.
40.	여: 어떻게 거기에 가요? 남: 버스를 타고 가요.

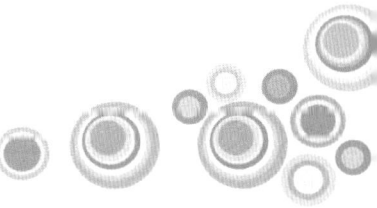

 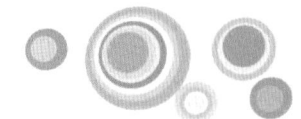

<HSK 1급 실전 모의고사 9> 본문 및 해석

1. 听力 듣기

第一部分 제1부분

1. 2 只猫 liǎng zhī māo 고양이 두 마리
2. 妈妈和女儿 mā ma hé nǚ ér 엄마와 딸
3. 很热 hěn rè 매우 덥다
4. 中国 zhōng guó 중국
5. 九 jiǔ 구(9)

第二部分 제2부분

	중국어	병음	한국어
6	孩子在睡觉呢。	Hái zi zài shuì jiào ne.	아기가 자고 있어요.
7	妈妈在买衣服。	Mā mā zài mǎi yī fu.	엄마가 옷을 사고 있어요.
8	房间里有两个人。	Fáng jiān lǐ yǒu liǎng gè rén.	방에 두 사람이 있어요.
9	他很喜欢吃妈妈做的饭。	Tā hěn xǐ huān chī mā ma zuò de fàn.	그는 엄마가 만든 밥을 좋아해요.
10	我明天坐12点的飞机。	Wǒ míng tiān zuò 12 diǎn de fēi jī.	내일 12시의 비행기를 탈 거예요.

第三部分 제3부분

	중국어	병음	한국어
11	男：哥哥在干什么？ 女：哥哥在学习汉语。	gē ge zài gàn shén me? gē ge zài xué xí hàn yǔ.	남: 형은 뭘 하고 있어요? 여: 중국어를 공부하고 있어요.
12	女：你这么大了，会开车吗？ 男：不会，我会骑自行车。	nǐ zhè me dà le, huì kāi chē ma? bú huì, wǒ huì qí zì xíng chē.	여: 나이 많은데 운전할 줄 알아요? 남: 아니오. 자전거을 탈 수 있어요.
13	男：星期一你要干什么？ 女：我要和老师去看电影。	xīng qī yī nǐ yào gàn shén me? wǒ yào hé lǎo shī qù kàn diàn yǐng.	남: 월요일에 뭘 할 거예요? 여: 선생님과 영화 보러 갈 거예요.
14	女：晚饭想吃什么？ 男：我想吃韩国菜。	wǎn fàn xiǎng chī shén me? wǒ xiǎng chī hán guó cài.	여: 저녁은 뭘 먹고 싶어요? 남: 한국 요리을 먹고 싶어요.
15	男：你想买什么？ 女：我想买一个一个人住的房子。	nǐ xiǎng mǎi shén me? wǒ xiǎng mǎi yí gè yí gè rén zhù de fáng zi	남: 뭘 사고 싶어요? 여: 혼자서 사는 집을 사고 싶어요.

第四部分 제4부분

16. 请问这些书多少钱？ Qǐng wèn zhè xiē shū duō shǎo qián?
问：我要买什么？ Wǒ yào mǎi shén me?

17. 你明天来我家吧，我今天不在家。 Nǐ míng tiān lái wǒ jiā ba, wǒ jīn tiān bú zài jiā.
问：我哪天不在家？ Wǒ nǎ tiān bú zài jiā?

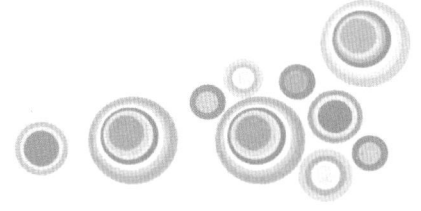

18. 你给我5块钱，我想买水。Nǐ gěi wǒ 5 kuài qián, wǒ xiǎng mǎi shuǐ.

问：水多少钱？ Shuǐ duō shǎo qián?

19. 奶奶说，爷爷去姐姐家了。Nǎi nai shuō, yé ye qù jiě jie jiā le.

问：爷爷在哪里？ Yé ye zài nǎ lǐ?

20. 这件衣服太大了，我穿不起来。Zhè jiàn yī fu tài dà le, wǒ chuān bù qǐ lái?

问：这件衣服怎么了？ Zhè jiàn yī fu zěn me le?

한국어 해석:

16. 안녕하세요. 이 책들이 얼마예요?

질문: 저는 뭘 사려고 해요?

17. 내일 제 집에 오세요. 오늘 저는 집에 없어서요.

질문: 저는 언제 집에 없어요?

18. 5 위안을 좀 주세요. 저는 물을 사려고 해요.

질문: 물이 얼마예요?

19. 할머니는 할아버지가 언니의 집에 간다고 했어요.

질문: 할아버지가 어디에 있어요?

20. 이 옷이 너무 커서 입지 못해요.

질문: 이 옷이 어때요?

2. 阅读 읽기

第一部分 제1부분

	한국어
21	눈 사람
22	1 월
23	물건을 샀어요
24	딸
25	책 한 권

第二部分 제2부분

	한국어
26.	이 과일들은 다 제가 산 거예요.
27.	천만에요, 좀 나아졌어요?
28.	남자 친구는 금요일에 영화를 보는 것을 좋아해요.
29.	어머니는 집에서 TV를 보고 있어요.
30.	택시를 타고 회사에 갔어요.

第三部分 제3부분

	한국어
31.	가장 좋아하는 엄마 요리는 뭐예요?
32.	여동생은 몇 명이 있어요?
33.	아버지의 아버지는 누구예요?
34.	그는 무슨 일을 해요?
35.	당신의 학교가 어디에 있어요?

	한국어
A	할아버지예요.
B	베이징이에요.
C	선생님이에요.
D	다 좋아해요.
E	하나요.

第四部分 제4부분

A	B	C
공부	개,명	기차역
D	E	F
이름	책	학생

	한국어 해석
36	베이징 기차역의 사람들이 너무 많아요!
37	제 책을 봤어요?
38	저는 오후에 학교 가서 공부해야 해요.
39	남:집 안 간지 얼마됐어요?여:5월에 왔고 지금은 12월이에요.
40	여: 선생님이에요? 남: 네, 저는 학생 50 명이 있어요.

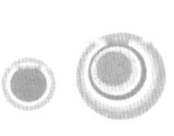
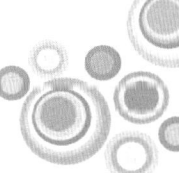

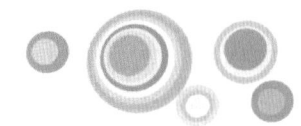

<HSK 1급 실전 모의고사 10> 본문 및 해석

1. 听力 듣기

第一部分 제1부분

1. 电脑 diàn nǎo 컴퓨터
2. 一本书 yì běn shū 책 한 권
3. 杯子 bēi zi 컵
4. 喝茶 hē chá 차를 마시다
5. 火车站 huǒ chē zhàn 기차역

第二部分 제2부분

	중국어	병음	한국어
6	我想吃点水果。	Wǒ xiǎng chī diǎn shuǐ guǒ.	저 과일을 조금 먹고 싶어요.
7	爸爸今天在公司工作。	Bà ba jīn tiān zài gōng sī gōng zuò.	아빠는 오늘 회사에서 일해요.
8	谢谢你做了这么多好吃的。	Xiè xie nǐ zuò le zhè me duō hǎo chī de.	맛있는 음식을 만들어 주어서 고마워요.
9	爷爷看到孩子，很高兴。	Yé ye kàn dào hái zi hěn gāo xìng.	할아버지가 아이를 만나서 아주 기뻐요.
10	我家有两只小狗。	Wǒ jiā yǒu liǎng zhī xiǎo gǒu.	우리 집에 강아지 두 마리 있어요.

第三部分 제3부분

	중국어	병음	한국어
11	男：今天早上和你说话的那个人是谁呀？ 女：那个人是我的爷爷。	jīn tiān zǎo shàng hé nǐ shuō huà de rén shì shuí ya? nà gè rén shì wǒ de yé ye.	남: 아침에 얘기 나눈 분이 누구예요? 여: 제 할아버지예요.
12	女：你喜欢做什么？ 男：我喜欢看电影。	nǐ xǐ huān zuò shén me? wǒ xǐ huān kàn diàn yǐng.	여: 취미가 뭐예요? 남: 영화를 보는 것을 좋아해요.
13	男：你昨天去商店里面买了什么？ 女：我昨天买了一个苹果。	nǐ zuó tiān qù shāng diàn lǐ miàn mǎi le shén me? wǒ zuó tiān mǎi le yí gè píng guǒ.	남: 어제 상점에 가서 뭘 샀어요? 여: 전 사과 하나를 샀어요.
14	女：你一般早上什么时候去上学？ 男：我7点左右从家里出发。	nǐ yì bān shén me shí hòu qù shàng xué? wǒ 7 diǎn zuǒ yòu cóng jiā lǐ chū fā.	여: 보통 아침에 언제 학교에 가요? 남: 7시에 집에서 출발해요.
15	男：你这么早起来干什么？ 女：我要和妈妈一起做运动。	nǐ zhè me zǎo qǐ lái gàn shén me? wǒ yào hé mā ma yì qǐ zuò yùn dòng.	남: 왜 이렇게 일찍 일어났어요? 여: 저는 엄마와 같이 운동할 거예요.

第四部分 제4부분

16. 我家有猫也有狗，但是我不喜欢猫。 Wǒ jiā lǐ yǒu māo, yě yǒu gǒu, dàn shì wǒ bù xǐ huān māo.

问：我喜欢什么？ Wǒ xǐ huān shén me?

17. 这不是我爸爸吗，他怎么还在家里呢？ Zhè bú shì wǒ bà ba ma, tā zěn me hái zài jiā lǐ ne?

问：爸爸在哪里？ Bà ba zài nǎ lǐ?

18. 北京很好，就是人有点儿多。 Běi jīng hěn hǎo, jiù shì rén yǒu diǎnr duō.

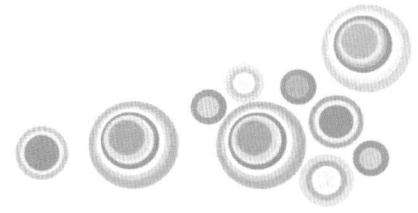

梦想中国语 模拟考试

问：北京的人怎么样？ Běi jīng de rén zěn me yàng

19. 好了，只要5分钟就可以吃饭了。 Hǎo le, zhǐ yào 5 fēn zhōng jiù kě yǐ chī fàn le.

问：还需要多长时间可以吃饭？ Hái xū yào duō cháng shí jiān kě yǐ chī fàn?

20. 昨天看到的杯子很漂亮！ Zuó tiān kàn dào de bēi zi hěn piào liang!

问：昨天看到了什么？ Zuó tiān kàn dào le shén me?

한국어 해석:

16. 집에 고양이와 강아지 다 있지만 고양이가 안 좋아.

질문: 제가 뭘 좋아해요?

17. 이 분이 제 아빠예요. 왜 아직 집에 있죠?

질문: 아빠는 어디에 있어요?

18. 베이징은 좋지만 사람이 너무 많아요.

질문: 베이징의 사람이 어때요?

19. 다 됐어요, 5분 후에 밥을 먹을 수 있어요.

질문: 시간이 얼마나 필요해요?

20. 어제 본 컵이 아주 예뻐요.

질문: 어제 본 것이 뭐예요?

2. 阅读 읽기

第一部分 제1부분

	한국어
21	생각하다
22	공부하다
23	점심
24	집
25	아버지

第二部分 제2부분

	한국어
26.	밥이 다 되었어요?
27.	할아버지는 아이와 노는 것을 좋아해요.
28.	당신의 숙제를 볼 수 있나요?
29.	꽃을 보내 주어서 고마워요.
30.	오늘 친구와 밥을 먹었어요.

第三部分 제3부분

	한국어
31.	할머니는 과일을 사러 어디에 갔어요?
32.	그의 집의 고양이는 어디에 있어요?
33.	이 분은 제 여자 친구예요, 어때요?
34.	누가 영화를 보러 갈 거예요?
35.	오늘 저녁을 어디에서 먹었어요?

	한국어
A	식당이요.
B	저요.
C	아주 예뻐요.
D	상점이요.
E	탁자 밑에 있어요.

第四部分 제4부분

A	B	C
부르다	물	보다
D	E	F
이름	좋다	할 수 있다

	한국어 해석
36.	날씨가 너무 더워서 물을 마시고 싶어요.
37.	누가 저를 부르고 있는 것을 들었어요.
38.	빵을 하나 먹을 수 있나요?
39.	남: 제 엄마를 봤어요? 여: 학교에서 한번 봤어요.
40.	여: 언니는 공부 잘해요? 남: 아주 잘해요.

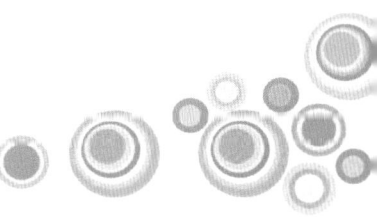

<MP3 파일 & 시험 답안 무료 다운!>

이 책에 관련된 MP3 음성 파일과 모의 시험의 답안은 드림중국어 카페 (http://cafe.naver.com/dream2088)를 회원 가입한 후에 다운 받으실 수 있습니다.

MP3 파일 다운로드 주소: https://cafe.naver.com/dream2088/3823

시험 답안 다운로드 주소: https://cafe.naver.com/dream2088/3824

드림중국어 1:1 화상 수업

드림중국어 원어민 수업 체험 예약 (30 분)

QR 코드를 스캔해서 중국어 수업을 체험 신청하세요.

(네이버 아이디로 들어감)

ZOOM 1:1 수업, 휴대폰/태블릿/컴퓨터로 수업 가능

드림중국어 대면 수업

드림중국어 인천 **청라점**
주소:　　　　인천 청라국제도시
상담 전화:　　032-567-6880

드림중국어 강남 **대치동점**
주소:　　　　서울시 강남구 대치동
상담 전화:　　010-5682-6880

<드림중국어 시리즈 교재>

책 제목	책 제목
드림중국어 왕초보 탈출 1 (HSK 1급)	드림중국어 YCT 1-4급 실전 모의고사 (세트)
드림중국어 왕초보 탈출 2 (HSK 2급)	드림중국어 YCT 회화 (초급) 실전 모의고사
드림중국어 중급 듣기 1 (HSK 3급)	드림중국어 YCT 회화 (중급) 실전 모의고사
드림중국어 초급 회화 600 (HSK 3급)	드림중국어 HSK 1-6급 실전 모의고사 (세트)
드림중국어 중급 회화 600 (HSK 4-5급)	드림중국어 HSKK 초급 실전 모의고사
드림중국어 고급 회화 800 (HSK 5-6급)	드림중국어 HSKK 중급 실전 모의고사
드림중국어 신 HSK 초.중급 필수 단어	드림중국어 HSKK 고급 실전 모의고사
드림중국어 신 HSK 고급 필수 단어	드림중국어 수능 기출 문제집 (세트)
드림중국어 신 HSK 초급 문법	드림중국어 수능 대비 문제집 (세트)
드림중국어 신 HSK 중급 문법	드림중국어 실용 회화 시리즈 (세트)
드림중국어 신 HSK 고급 문법	드림중국어 수능 단어 총정리 (세트)
드림중국어 한자쓰기 초.중급	드림중국어 중국 어린이 동요 100 (세트)
드림중국어 한자쓰기 중급/고급 (세트)	드림중국어 중국 어린이 시 100
드림중국어 중급 읽기 1-4 (중국 문화 이야기)	드림중국어 중국 시 100
드림중국어 고급 읽기 1-2 (중국 문화 이야기)	드림중국어 중국 명인 명언 100 (세트)
드림중국어 SAT2 대비 문제집 (세트)	드림중국어 MCT (의학 중국어 시험) 단어
드림중국어 고급 회화 1 (TSC, HSKK 고급)	중국 아이들이 좋아하는 동화 이야기 (세트)
드림중국어 고급 단어 5000 (HSK 1-6급)	드림중국어 중국 인기 노래 100 (세트)

<드림중국어> 출판사 전화: 010-9853-6588